2.10.22

für Gero,

in Liebe und

Dankbarkeit

für das Leben,

God bless you

Regina Allmann
Ich bin, der ich bin

Regina

Regina Allmann

„ICH BIN, DER ICH BIN"

*Mein Weg zur Quelle
Eine Autobiografie*

Impressum

Umschlag, Layout und Fotos: © Samuel Graf
© 2017 Regina Allmann
Erschienen bei: 2017 Hermagoras Verlag / Mohorjeva založba, Klagenfurt/Celovec – Ljubljana/Laibach – Wien/Dunaj
Druck: Hermagoras Druckerei, Viktring

ISBN 978-3-7086-0951-5

Das Werk und seine Teile sind urheberrechtlich geschützt. Jede Nutzung bedarf der vorherigen schriftlichen Einwilligung der Autorin. Weder das Werk noch seine Teile davon dürfen ohne solche Einwilligung gescannt und in ein Netzwerk oder auf private Homepages eingestellt werden.

Kontaktdaten
Regina Allmann, Telefon 04762/35159

Meine Geschichte

Alles begann am 20. Juli 2012. Es war ein besonderer Tag, denn wir feierten den 50. Geburtstag meines Mannes.
An diesem Tag war es sehr heiß, und ich fühlte mich schon in der Früh nicht wohl, war sehr erschöpft und hatte vfürchterliche Kopfschmerzen. Zu alledem bekam ich auch noch meine Periode, und so führte ich mein Unwohlsein auch auf diesen Umstand zurück.
Trotzdem freute ich mich schon sehr darauf, diesen schönen „Runden" gemeinsam mit meiner Großfamilie in der Buschenschenke „Höfler" in Obermillstatt zu feiern - ein Platz mit wunderschönem Panorama und herrlichem Blick über den Millstätter See, für mich einer der schönsten Plätze in ganz Kärnten. Also sprach ich mir an diesem sonnigen Sonntag Mut zu, packte meine Gitarre ein, um meinem Gatten ein paar Ständchen zu bringen und nahm noch eine Vitamin-C-Brausetablette, da die Kopfschmerzen immer heftiger wurden. Daraufhin fuhr meine Familie zur Buschenschenke, wo wir eine köstliche Bauernjause genossen. Wir brachten ein paar Gedichte und Ständchen für Ari, unseren Jubilar, aber irgendwie spürte ich immer stärker, dass ich nicht auf meinem gewohnten „Level" war.
Es war physisch und psychisch mühsam für mich, die teilweise selbstgetexteten Lieder anzustimmen, und so kam auch keine rechte Stimmung auf, was ich auf meine eigene Müdigkeit zurückführte.
Plötzlich merkte ich, dass es auf meinem Platz auf der

Holzbank feucht-warm wurde. Unbemerkt rutschte ich ein wenig zur Seite, um nachzusehen, woher dieses Gefühl kam und bemerkte zu meinem großen Schrecken, dass ich in meiner eigenen Blutlache saß. Ich blutete jetzt so stark, denn ich hatte blöderweise vorher noch ein Aspirin C genommen, das ja blutverdünnend wirkt. "Wie soll ich jetzt auf die Toilette kommen, ohne dass jemand von unseren Gästen mitbekommt, dass ich auf meiner eigenen Blutlache sitze?"
Nervös rutschte ich zur Seite und versuchte in einer mit Wasser getränkten Serviette den großen Blutfleck vorsichtig weg zu wischen, was mir mehr schlecht als recht gelang. Mein Seidenrock musste wohl auch einen riesigen Fleck aufweisen. Ich nahm meinen Pullover und band ihn mir kurzerhand um die Hüfte, um dieses Malheur zu kaschieren und ging zur Toilette.
Ich bat noch Theresa, die Tochter meiner Schwester Christiane, um eine extra große Vorlage und ein extra großes Tampon, da ich meine eigenen verbraucht hatte. Die Blutung ließ sich allerdings nicht mehr stillen und ich ärgerte mich, dass ich dieses blutverdünnende Medikament gegen Kopfschmerzen genommen hatte.
Es blieb mir an diesem Nachmittag nichts anderes übrig, als heimzufahren, mein Gewand zu wechseln und mich ordentlich zu waschen. Meine Kopfschmerzen hatten etwas nachgelassen, aber diese unangenehme Mattigkeit, diese

Erschöpfung und Energielosigkeit war noch immer stark spürbar. „Am liebsten würde ich mich hinlegen und schlafen", dachte ich mir.
Aber mein Pflichtbewusstsein orderte mich wieder zurück zum „Höfler". Dort erklärte ich den Verwandten, die wissen wollten, warum ich mich umgezogen hatte, kurz und flüsternd, was mir passiert war.
Zum Glück dauerte der Abend nicht mehr lange. Wir machten noch eine Abschiedsrunde über die wunderschöne weite Wiese mit dem herrlichen Blick auf unseren dunkelgrünen, smaragdfarbenen See, unsere Kinder tollten noch mit Ronja, dem Retriever meiner Schwester Christiane ausgelassen herum. Ein herrlicher Sommertag neigte sich dem Ende zu. Zu Hause angelangt, wollte ich nur mehr eines: ins Bett gehen und schlafen, schlafen. „Oh Schlaf und Erlösung meiner Erschöpfung!", dachte ich flehend.
Doch jene Nacht war alles andere als die Erlösung! Ich bekam fürchterliche Zustände, spürte Gliederschmerzen wie bei einer starken Grippe, fröstelte leicht und das Beängstigendste für mich war, dass mein Puls unendlich schnell und kräftig wurde. Mein Herz raste wie nach einem Marathonlauf. Ich spürte es bis zum Hals und in den Kopf hoch hämmern. „Wie zum Zerspringen! Mein Herz, was hast du, was ist los mit dir?", waren meine panischen Gedanken.
Das war keine Grippe, obwohl alle Anzeichen dafür sprachen. Dieses Herzrasen und der hohe Puls machten mir

Angst. An Schlaf war in dieser Schicksalsnacht keine Sekunde zu denken, und auch am nächsten Tag besserte sich mein Zustand überhaupt nicht. Im Gegenteil, es wurde immer schlimmer. Ich bekam leichtes Fieber, eine außerordentliche Panik erfasste mich wegen meines Höchstleistungspuls und des Herzklopfens bis zum Hals. Das Pochen war so laut und stark, dass ich es in meinen Ohren spürte. Es fühlte sich an wie ein lauter, schneller und unerbittlicher Paukenschlag, der meine psychische Beklemmung zusehends steigerte.

Als dieser für mich unbekannte Zustand tagsüber noch schlimmer wurde, wusste ich instinktiv, dass ich ärztliche Hilfe brauchte, und so bat ich meinen Mann: „Ari, bitte ruf die Rettung, ich muss unbedingt ins Krankenhaus, um abklären zu lassen, was die Ursache meines Zustandes ist!"

„Tut´s nicht auch ein Notarzt?", wollte er wissen, aber ich befürchtete, dass wir so nur Zeit verlieren würden. Ich bat Maria, meine jüngste Tochter, die gerade zu Hause war, mir meine wichtigsten Utensilien fürs Krankenhaus zusammenzupacken. Zirka eine halbe Stunde warteten wir auf die Rettung. Danach fuhren wir ins Krankenhaus Spittal, wo ich in der Notaufnahme relativ lange warten musste. „Es geht meiner Frau nicht so gut", hatte mein Mann den Sanitätern mitgeteilt, die keine Eile hatten, mich auf schnellstem Wege zu einer Notbehandlung zu bringen. „Haben Sie keine Einweisung?", wollte der Pfleger endlich wissen.

Als ich verneinte, erklärte er mir, dass alles viel länger dauern würde, da sie ja erst alle Daten und Eingangsformulare erledigen mussten.
Schließlich wurde mein Blutdruck und mein immer noch rasender Puls gemessen und ich konnte am besorgten Blick des Pflegers ablesen, dass ihm meine Messergebnisse nicht geheuer vorkamen. Gleich darauf wurde ich rasch, aber ohne Hektik auf die Intensivstation verlegt und viele verschiedene Ärzte stellten mir die skurillsten Fragen: „Waren Sie im Ausland auf Urlaub? Hatten Sie vielleicht einen Insektenstich oder einen Zeckenbiss, vielleicht eine Spinne?"
Als ich alles das verneinte, hatten sie bereits die Ergebnisse meiner Blutuntersuchung und die waren erschreckend: Meine Leukozyten waren auf über 900 000 angestiegen - ein eindeutiger Verdacht auf „Akute Leukämie".
Ich erinnere mich dann noch vage an einzelne Begebenheiten in dieser Nacht auf der Intensivstation im Krankenhaus Spittal. Mir wurde eine Infusion zur Stabilisierung meines Kreislaufes gegeben. Man sprach davon, mich noch in derselben Nacht mit dem Hubschrauber nach Klagenfurt zu überstellen, da ich ein „Akutfall" wäre, bei dem man sich keine zeitliche Verzögerung leisten dürfte. Mehrere Ärzte befragten mich wieder, wobei ein Onkologe besonders offen und ehrlich über seine persönliche Erfahrung mit dieser so heimtückischen Krankheit sprach.

Da er meine Reserviertheit und Abneigung gegen eine bevorstehende Chemotherapie erkannte, erzählte er mir ganz ausführlich seine eigene Leukämiegeschichte und auch wie gut es ihm jetzt ginge. „Ohne Chemotherapie wäre ich jetzt nicht mehr hier", versicherte er mir energisch.
In dieser Nacht hatten mich die Ärzte auf der Intensivstation durch Infusionen kreislaufmäßig stabilisiert, sodass wenigstens mein hoher Puls und mein Herzpochen aufhörten und sich beruhigten.
Ich glaube, ich fand an diesem 22. Juli 2012 sogar ein bisschen erholsamen Schlaf im Krankenhaus Spittal. Gleich am nächsten Morgen wurde ich auf raschestem Wege mit der Rettung ins Klinikum Klagenfurt transportiert. Es begleiteten mich zwei Sanitäter und eine Ärztin, die meinen Kreislauf ständig überwachen musste. Ich hing die gesamte Zeit des Transportes an einer Infusion. Ab und zu schaltete der Rettungsfahrer das Folgetonhorn ein, vor allem in der Stadt Klagenfurt. Er erklärte mir, um mich zu beruhigen:
„Ich schalte den Ton nur deshalb ein, damit ich schneller weiterkomme."
Dass ich aber ein sogenannter „Akutfall" war, bei dem es um Leben und Tod ging, konnte er mir dennoch nicht verheimlichen.
In der Notaufnahme angekommen, brachte man mich gleich in die Akutaufnahme, wo mir wieder Blut abgenommen und später eine Knochenmarkbiopsie durchgeführt wurde.

Die mich ab diesem Tag begleitende Oberärztin Dr. Elisabeth Isak klärte mich über die „Akute Myeloische Leukämie" (AML) auf. Es gibt davon zirka sechs bis sieben verschiedene Arten. Es dauerte nicht lange bis mein Befund vorlag: Ich litt an einer AML M3, eine Art der Akuten Leukämie, die sehr gute Heilungschancen hat. An diesem Morgen hatte ich meine erste Knochenmarkbiopsie.
Meine Ärztin erklärte mir ganz genau in ihrer so angenehmen und ruhigen Art zu sprechen, was dabei geschieht: Mit einer so zirka 20 cm langen, dicken Nadel, auch Stanze genannt, bohrt sie durch meinen Beckenknochen mit großer Kraft so weit in den Knochen hinein, dass etwas von der Knochenmarksflüssigkeit entnommen werden kann. Diese Biopsie geschieht nur unter lokaler Betäubung.
Das Hineinbohren war nicht das Problem. Ich spürte nur einen sehr festen Druck auf meinen Beckenknochen: erst später, beim Herausziehen dieser Stanze, quälte mich ein starker, stechender und ziehender Schmerz.
Unwillkürlich musste ich mich aufbäumen, drückte meine Wirbelsäule durch und schrie auf vor Schmerz, der Gott sei Dank gleich vorbei war. Anhand dieser Biopsie konnte die Ärztin die Art der Leukämie feststellen und weitere wichtige Werte, wie die sogenannten Tumormarker.
Im Laufe dieses ersten Tages im Klinikum Klagenfurt wurde ich auf die Station D der Onkologie zu Primarius Dr. Dreisler gebracht, wo ich umgehend meine erste sehr starke

Chemotherapie bekam.

Ich wusste nunmehr, dass ich mich nicht mehr dagegen wehren konnte. Es war der 27. Juli 2012, und ich war emotional am Boden zerstört. Meiner eigenen ältesten Tochter, Anna, die an einem Tumor erkrankt war, hatten mein Mann und ich damals die Chemotherapie verwehrt, da ich zuvor miterlebt hatte, wie die Kinder im „Sankt Anna Kinderspital" in Wien darunter litten und welche Qualen sie durchmachen mussten. Ich wusste damals instinktiv, dass dies nicht der richtige Weg für Anna war.

Und jetzt sollte und musste ich mich selber einer Chemotherapie unterziehen? Gab es keine Alternative, keine Wahlmöglichkeit? War dieser schulmedizinische Weg wirklich meine einzige Chance? So viele Fragen und Gedanken machten mir große Sorgen und quälten mein Innerstes.

Die mich kennen, wissen nur zu gut, dass ich von der sogenannten „Schulmedizin" aus persönlicher langjähriger Erfahrung an mir selber, aber auch an meinen Kindern nicht viel hielt.

Solange ich zurückdenken kann, war und bin ich eine überzeugte Anhängerin der Alternativmedizin und der Naturheilkunde. Vor allem die Homöopathie interessierte mich in der Zeit meiner Lehrerausbildung sehr und ich schrieb sogar meine Hausarbeit im Sachunterricht über das Thema: „Alternative Behandlungsmethoden am Beispiel der Homöopathie und deren schulpraktische Anwendungsgebiete".

Meine dringendste und wichtigste Frage, die mich nicht mehr losließ, lautete: „Gibt es jetzt mit dieser Akuten Myeloischen Leukämie für mich wirklich keinen anderen Heilweg als diese mir verhasste Schulmedizin, die als einzige Wahlmöglichkeit nur diese schreckliche Chemotherapie anbieten kann?"
Dr. Isak sprach eindringlich, dass sie jahrelang Erfahrung mit dieser heimtückischen Krankheit hätte und die Priorität kenne.
„Es bleibt uns keine Zeit, liebe Frau Allmann! Sie sind ein Akutfall. Wenn wir nicht schnellstens mit der Chemo beginnen, werden Sie sterben!", waren ihre Worte, die mich zu Tode erschreckten.
Also willigte ich schweren Herzens ein und bekam die erste schwere Chemotherapie. Nur zwei Tage danach, es war der 29. Juli 2012, kam es zu einem akuten und dramatischen Zwischenfall, mit dem niemand gerechnet hatte: Eine Hirnblutung!
Ich glaube, dass diese durch die erste hohe Dosis des Zellgiftes im Frontallappen meines Gehirns ausgelöst wurde.
Ich erinnere mich noch sehr genau an dieses „Gewitter im Hirn". Grelle Blitze zuckten durch meinen Kopf und vage sehe ich sie noch vor mir: Kleine grüne Männchen oder Punkte, die sich verrückt tanzend auf und ab bewegten. Während dieser dramatischen Hirnblutung war ich wohl in einem tranceähnlichen Zustand. Die betreuenden

Schwestern bemerkten, dass mit mir etwas nicht stimmte. Ich reagierte offenbar nicht normal auf ihre Fragen und Tests, die sie an mir durchführten.
Also wurde von Dr. Isak ein Schädel-CT angefordert, welches noch in derselben Nacht gemacht wurde. Ihre Vermutung einer Hirnblutung bestätigte sich. Ohne Zögern brachte man mich auf schnellstem Wege auf die Intensivstation, wo ich die nächsten zwei Wochen verbrachte. Ich erinnere mich noch daran, dass ich zu dieser Zeit in einem dämmerähnlichen, mir nicht bewussten Zustand war.
Es fühlte sich an, wie ein tiefer, seliger Schlaf, aus dem ich nur dann gerissen wurde, wenn die Schwestern und Pfleger der Intensivstation wieder etwas mit mir vorhatten, oder wenn ich Besuch von meiner Familie und meinen Freunden bekam.
An einen besonders lieben Pfleger erinnere ich mich ganz gut, nicht an seinen Namen, aber an sein Gesicht und seinen osttirolerischen Akzent. Immer wenn ich aus meiner geistigen Zwischenwelt aufwachte und zu Bewusstsein kam, hörte ich seine vertraute, warme Stimme: „Guten Morgen, Frau Allmann! Können Sie mich hören und sehen?"
Dann dachte ich, er sei mein Schutzengel, denn er kümmerte sich wirklich so liebevoll und hingebungsvoll um mich und meine Bedürfnisse, wie es halt in meiner Vorstellung ein himmlischer Engel tut.
Nach ein paar Tagen auf der Intensivstation bekam ich

große Probleme mit meinen Nieren und mit meiner Lunge. Wasseransammlungen am ganzen Körper schwemmten mich so auf, dass ich aussah wie ein französisches „Bibondom-Männchen", auch bekannt als „Michelin-Männchen", das man öfters auf Lastwagen sah.
Sogar meine Finger waren so dick, dass ich meinen Ehering nicht mehr herunterbekam. Irgendwie gelang es den Schwestern, ihn mit Hilfe von Seifenwasser doch vorsichtig und langsam zu entfernen, ansonsten hätten sie ihn mit einer Zange abzwicken müssen.
Mein Mann und ich sind überzeugte Anhänger der sogenannten „Neuen Medizin", genannt „Germanische Medizin" nach Dr. Ryke Geerd Hamer.
Aus jahrelanger persönlicher Erfahrung mit unseren eigenen Kindern und auch aus eigener Krankheitserfahrung, glaubten wir nicht nur daran, wir wussten es einfach: Konflikte, die uns unerwartet und am „falschen Fuß" treffen, lösen die Krankheiten in unserem Körper aus. Zu jedem Konflikt gehört eine entsprechende Krankheit und dazu im dazugehörenden Hirnareal ein sogenannter „Hamerscher Herd" – ein Ödem im Hirn.
Dieses Ödem kann laut Dr. Ryke Geerd Hamer zum Einbluten kommen, wenn eine Chemotherapie gemacht wird, was bei mir der Fall war.
Durch meine Isolation und Trennung von meiner Familie hatte ich jetzt einen neuen Konflikt dazubekommen - ein

wirklich wie ein Baby gefüttert werden. Zusätzlich wurde ich noch künstlich ernährt.

Besonders angenehm empfand ich es, als mir die Schwestern nach einigen durchschwitzten Tagen und Nächten meine langen, fettigen und strähnigen Haare in einer großen Waschschüssel sanft massierend wuschen.

Dieses Haarwaschen war für mich so angenehm und entspannend, dass ich die Augen schloss und dahinträumte und wollte, dass dieser Zustand der vollkommenen Entspannung anhalten möge.

Aufgrund meiner Diagnose der Hirnblutung im Frontallappen meines Gehirns waren die Neurochirurgen bereits auf eine Operation eingestellt. Stündlich wurden CT´s gemacht. Ich weiß noch genau, wie ein Arzt sagte: „Wir warten noch bis morgen mit der Operation, vielleicht stoppt die Blutung über Nacht." Und tatsächlich: am nächsten Tag hatte sich das Ödem nicht nur wieder beruhigt, sondern bildete sich zusehends zurück.

Nach ungefähr zehn Tagen und Nächten auf der Intensivstation hatte sich mein kritischer Zustand so weit normalisiert, dass ich zur Fortsetzung der begonnenen Chemotherapie auf die Station D der Onkologie verlegt werden konnte. Doch diesmal achteten meine zwei Vertrauensärzte, Dr. Isak und Dr. Kanatschnig streng darauf, dass meine Thrombozyten, das sind die Blutplättchen, nicht unter 20.000 herabfielen.

„Wegen ihrer Hirnblutung müssen wir jetzt streng

und regelmäßig ihre Thrombos im Auge behalten," erklärten sie mir.

Aus diesem Grunde wurde ich immer wieder über Infusionen mit fremden Thrombozyten versorgt. Auch mein Kreislauf und mein Blutdruck waren noch sehr instabil und mussten lange noch überwacht werden.

Während der ersten Nacht auf der Onkologie, also kurz nach meinem Aufenthalt auf der Intensivstation, war ich noch ziemlich durcheinander und wachte plötzlich auf. Irgendetwas war in mich gefahren und ich war mir so sicher, dass ich heim möchte. Ich ließ mir keine Blutkonserven, die ich dringend benötigte, mehr geben und verweigerte jegliche Therapie. Ich war wie ein trotziges kleines Kind und verlangte, dass die Schwester meinen Mann anrufen soll, um mich abzuholen. Gleich darauf kamen etliche Ärzte in mein Zimmer, um mir dies auszureden. Als ich aber nicht nachgab, wurde tatsächlich mein Ehemann angerufen, es war glaube ich 3 Uhr nachts.

Ari kam tatsächlich und beruhigte mich wieder. „Ich kann dich jetzt nicht mit nach Hause nehmen in deinem kritischen Zustand. Was soll ich daheim mit dir machen? Ich bin hilflos angesichts deiner Lage", erklärte er mir. Aufgrund der Verweigerung meines Einverständnisses zur Fortführung der Chemotherapie wurde mir von einem beeideten Psychiater die persönliche Rechtsfähigkeit abgesprochen, was so viel bedeutete, dass ich nicht mehr „Herr über meine eigenen Entscheidungen" war, angesichts meiner eigenen Lebensgefahr, in der ich mich befand. Am nächsten Tag kam dann mein Schwager Dr. Christian Ebner, der selber Kinderfacharzt ist, zu mir. Er beruhigte mich wieder und redete sehr lange und ausführlich über die unbedingte Notwendigkeit dieser Therapiefortführung. Ich war zwar noch immer nicht ganz überzeugt, aber ich hatte keine Kraft mehr, dagegen zu kämpfen und willigte schließlich ein.

Einige Tage danach bekam ich sehr hohes Fieber. Ich wurde sofort etliche Stunden an die Herz-Kreislauf-und Pulsüberwachung angehängt. Diese Überwachung ist äußerst stressig für den Patienten. Sobald ein Wert nicht im „grünen Bereich" ist, geht ein schriller und hoher Pfeifton los. Da bei mir zu dieser Zeit kein Wert im Normalbereich war, läutete es fast ununterbrochen. Es war furchtbar und ich wurde immer nervöser. Nur mit großer Überredungsgabe konnte ich die besorgte Schwester dazu bringen, diese „Höllenmaschine", die mir nur zusätzliche Angst machte, abzuschalten. Sie entgegnete schroff: „Ich muss Sie überwachen, sonst bekomme ich große Probleme, Frau Allmann. Es ist nur zu Ihrer Sicherheit!"
„Aber ich bekomme Panik! Bitte schalten Sie aus und legen Sie mir dafür meine schöne Mozart-CD ein, das wird meine Seele und auch meinen Körper wieder beruhigen", bettelte ich verzweifelt. Etwas zaghaft und verunsichert schaltete die Schwester die Überwachungsgeräte auf lautlos und verließ kopfschüttelnd mein Zimmer.

Meine Beruhigungsmusik funktionierte prompt. Alles beruhigte und entspannte sich, keine lästigen Kabel mehr auf der Haut, kein alarmierender Ton im Ohr, einfach nur himmlische Musik hören, die mir so großen inneren Frieden brachte. Mozart beruhigte auch die nervöse Schwester. Ich erinnere mich nicht mehr an ihren Namen, aber ich weiß, dass sie die größte aller Schwestern und selber Chorsängerin war, wie sie mir erzählte. Sie kam in einem 10-Minuten-Abstand zu mir, um mein Fieber zu kontrollieren.
Es stieg schon fast auf 40 Grad an und sie war sehr besorgt über meinen kritischen Zustand. Als ich vorgab zu schlafen, flüsterte sie vor sich hin: „Das gibt´s ja nicht, diese Frau hat über 39 Grad Fieber und liegt so ruhig und entspannt da und hört sich Mozart an! Irre!"
Nach ein paar Tagen ging mein Fieber zurück und der normale „tägliche Wahnsinn" im Krankenhaus nahm seinen Lauf. Nach dieser ersten „Induktionschemotherapie nach dem AIDA-Protokoll", so der korrekte medizinische Begriff, sah ich auch aufgrund meiner „akuten intracerebralen Blutung im PM Frontalbereich" und wegen des starken Zellgiftes, das alle sich schnell teilenden Zellen, also auch die gesunden, zerstört, sehr mitgenommen aus. Mein Zustand und Anblick waren bemitleidenswert. Meine Schleimhäute waren überall stark angeschwollen, ich hatte Fieberblasen und Fisteln im Mund, meine Lippen waren schwarzblau verfärbt, ebenso meine Zähne und Zunge. Wochenlang habe

ich mich nie im Spiegel gesehen, da ich nicht aus dem Bett kam und nur in einer Waschschüssel und mit Lappen liegend gewaschen wurde.

Als ich wieder in meiner „Stammzelle" war, ein Isolierzimmer mit Klimaanlage ohne Fenster und ohne frische Luft, in dem es ständig leicht zog, konnte ich nach Langem wieder einmal mein Spiegelbild erhaschen und wurde fast starr vor Schreck. „Die Person da, das bist nicht du, das ist ein Monster! Bitte, lieber Gott, mach dass dieses Spiegelbild nur eine Halluzination ist!", betete ich verzweifelt.

Warum der hinterste Teil auf der Onkologie „Stammzelle" genannt wird?

Zum Schutz vor Keimen und Bakterien sind vor diesem Bereich, in dem es fünf Einzelzimmer gibt, zwei Glasschiebetüren angebracht. Dazwischen ist ein Korridor. Es wird streng darauf geachtet, dass diese zwei Schiebetüren nie gemeinsam geöffnet werden. Erst wenn die äußere Tür geschlossen war und die diversen Geräte oder Wagen mit Wäsche, Essen oder ähnlichen Dingen hereingeschoben waren, durfte die zweite Türe geöffnet werden. Dadurch war sichergestellt, dass keine Luftvermischung mit dem nicht sterilen Bereich stattfindet.

Die Besucher mussten sich ebenfalls in einem eigenen Raum steriles Gewand und sterile Plastikschuhe überziehen, Mundschutz und eine grüne, dünne Kappe aufsetzen, um die Haare zu bedecken. Auch die Hände mussten

gründlich desinfiziert werden. Persönliche Geschenke oder Mitbringsel für Patienten wurden ebenfalls streng desinfiziert. Hygiene und Desinfektion werden in dieser „Stammzelle" also groß geschrieben und ich bekam oft genug Zurechtweisungen, wenn ich eine Desinfektionsvorschrift nicht einhielt oder einfach darauf vergaß.
Diese ersten Tage waren sehr hart für mich, denn plötzlich bekam ich wieder alles mit, was um mich herum geschah. Hart und unbequem auch deshalb, da ich ans Bett „gefesselt" war, denn ich hatte auf der Intensivstation einen Blasenkatheter gesetzt bekommen. So merkte ich gar nicht, wenn ich Harndrang hatte. Mein Urin rann unbemerkt aus mir, still und leise in den Sack, neben meinem Bett. Erst wenn er fast voll war, wurde er ausgeleert.
„Wie kann ein Mensch bloß so viel Flüssigkeit produzieren?", dachte ich mir sehr oft. Mein Körper war voll auf Entwässerung und Giftausscheidung eingestellt, und so war nach wenigen Stunden mein Harnsack schon wieder voll und musste öfters am Tag gewechselt werden.
Wenn ich auf die „große Seite" musste, wurde mir ein Leibstuhl gebracht.
Anfangs war ich so schwach, dass ich mich nicht selber sauber machen konnte. Es war mir ziemlich unangenehm und peinlich, mir von den lieben Schwestern wie ein Kind den Popo abwischen zu lassen, doch ich hatte keine Wahl. Ich war so auf menschliche Hilfe und Nächstenliebe

angewiesen und durfte es dankbar annehmen lernen! Zuerst war es erniedrigend für mich, doch langsam gewöhnte ich mich daran, merkte ich doch, dass ich Fortschritte machte.

In dieser Zeit nach meinem Aufenthalt in der Intensivstation kam mich einige Male meine Tante und Kreuzschwester „Schwester Maria Ida" besuchen.

Sie wollte mich aufbauen und mit mir beten, doch ich war gar nicht erfreut über ihren Besuch, denn sie bestand darauf und bettelte immer meinen Papa an, er solle doch einen Pfarrer holen, um mir die Krankensalbung zu verabreichen. Ich war richtig wütend auf sie, denn so schnell gab ich nicht den Geist auf! Ich empfand es damals als pietätlos von meiner Tante, doch heute sehe ich es anders. Sie war so überzeugt, dass es einfach richtig wäre und dass es mich stärken würde. Einmal, als sie wieder vor der „Schleuse" stand und zu mir wollte, ließ ich sie von meiner Lieblingsschwester Angelika einfach wegschicken. Sie erklärte ihr, ich bräuchte jetzt einfach Ruhe, und ein Besuch wäre nicht angebracht. Sie solle ein anderes Mal kommen.

Danach machte ich mir Vorwürfe und ich hoffe, meine Tante Lisl wird es mir im Himmel verzeihen, denn mittlerweile ist sie verstorben.

Aufgrund meines Katheters konnte ich nicht in die Dusche und so wurde ich einige Tage weiter von den sehr liebevollen und fürsorglichen Schwestern gewaschen. Eine große

Waschschüssel mit einer gut duftenden Pflegelotion wurde mit lauwarmem Wasser aufgefüllt, und ich wurde wie ein Baby am ganzen Körper im Bett feucht abgerieben, was ich wie eine Massage empfand.
Bei dieser Ganzkörperwaschung wurde mit frischen Waschlappen nicht gespart. Manchmal verwendeten die Pflegerinnen bis zu fünf Stück davon!
Unser oberstes Ziel war es, dass ich wieder in die Dusche gehen und mich selber pflegen und waschen konnte. Deshalb beschlossen die Schwestern, mir meinen Blasenkatheter baldigst zu entfernen. Doch davor hatte ich große Angst, denn ich musste immerzu daran denken, welche Unmengen von Urin ich täglich ausschied und stellte mir vor, dass ich alle zehn Minuten aufstehen und mich entleeren müsste.
Doch dem war Gott sei Dank nicht so. Der Katheder wurde gekonnt, rasch und schmerzfrei entfernt, und ich war auf dem besten Weg, mich wieder wie ein normaler Mensch selber ins Bad zu bewegen.
Störend für die Körperpflege war nur der Infusionsschlauch, an dem ich Tag und Nacht hing. Dieser war zwar lang genug, um damit ins Bad und auf die Toilette zu kommen, nur war es ziemlich kompliziert und nervig, denn er durfte, ebenfalls aus Hygienegründen, nicht auf den Boden fallen. So musste ich ihn immer irgendwo aufhängen, wenn ich das Bett verließ. Aber der Mensch in Not gewöhnt sich

relativ schnell daran, und so bekam ich bald Routine in dieser Art der Fortbewegung, sowie der Zwischenlagerung des Infusionsschlauches. Ich kam mir vor wie ein krankes Tier an der Leine.
Am dritten Tag in meinem Isolierzimmer, als ich meine langen Haare nicht mehr pflegen konnte, war ich mir sicher:
„Diese langen und fettigen Haare brauche ich nicht mehr! Also weg damit!" Die Schwestern erklärten mir, dass sie sowieso vor der Chemotherapie abrasiert würden, aber ich wollte keinen Tag mehr länger damit warten. „Schlimmer als diese Haare kann eine Glatze auch nicht aussehen," war ich mir ganz sicher.
Also bettelte ich hartnäckig darum, dass die Frisörin kommen sollte, um mich von dieser zusätzlichen unansehnlichen Belastung zu befreien.
Doch als es dann soweit war und mir die Frisörin eine Glatze scherte und meine langen dunklen Haare am Boden lagen, war mir schon sehr beengend ums Herz. Als ich wieder alleine war, konnte ich meine Tränen nicht mehr zurückhalten und ich weinte sehr lange in meinen Polster hinein.
Die Haare zu verlieren und eine Glatze zu haben ist äußerst demütigend, das merkt man erst, wenn man es erlebt hat. Man fühlt sich so schutzlos und nackt. Ich spürte kalt am Kopf und musste mir ein Tuch umbinden, um mich vor der Zugluft der Klimaanlage zu schützen.
Ich fühlte mich physisch und psychisch am Boden zerstört

und spürte in mich hinein: "Was war nur passiert mit mir? Wie konnte mir so etwas passieren? O Gott, warum lässt du das zu?"

Das Essen, mein fehlender Appetit und die starken Geschmacksbeeinträchtigungen waren zusätzliche Belastungen, denen ich ausgesetzt war.

Mir graute vor allem Essbaren. Am ehesten konnte ich noch das Frühstück genießen. Den Krankenhauskaffee trank ich mit Sojamilch, die extra für mich bestellt wurde. Das fand ich sehr entgegenkommend. Der Kaffee in der Früh war das Einzige, was mir so halbwegs schmeckte. Dazu gab es Vollkornbrot oder Semmeln, Marmelade, Frischkäse, Schnittkäse, Cornflakes etc.

Ein Frühstückstablett mit all den von mir sonst so geliebten Speisen wurde meist pünktlich um halb 8 Uhr von einer Schwester gebracht, die meist gut gelaunt nach dem Arzt ins Zimmer kam.

Der Arzt kam immer zur Blutabnahme, meist schon um sechs Uhr morgens. Den Tag so zu beginnen, war nicht sehr angenehm. Noch dazu hatte ich schon sehr belastete und zerstochene Venen von den unzähligen Abnahmen, die ich schon hinter mir hatte.

Eine meiner Venen in meiner Armbeuge gab öfters „den Geist auf" und funktionierte nicht mehr. Einer jungen Schwester war es einmal äußerst peinlich, dass sie sich „verstochen" hatte, und sie entschuldigte sich auch vielmals bei mir. „Es ist nicht ihre Schuld, meine Venen geben einfach nichts mehr her", beruhigte ich sie. Aus diesem Grund gaben die Pfleger und Schwestern das Blutabnehmen sehr gerne an die Turnusärzte ab. Einige dieser Turnusärzte erzählten mir und beklagten sich, dass sie oft den ganzen Tag nur Blutabnahmen machten und Infusionen anhängten.

So manch einer jammerte über diese monotonen Aufgabenbereiche, wenn ich sie darauf ansprach, wie es ihnen beim Turnus ging.

Nach dem Frühstück stand dann Körperpflege an der Tagesordnung. Nach dem erfolgreichen Entfernen meines Blasenkatheters stand einem selbständigen Gang in die Dusche nichts mehr im Wege, und die Schwestern ermutigten mich sehr, es endlich zu wagen.

Doch es war schwerer als ich dachte. Ich musste erst wieder wie ein kleines Kind gehen lernen. Schritt für Schritt und ganz langsam setzte ich einen Fuß vor den anderen, gestützt von den unglaublich bemühten Helferinnen, die mich unter den Armen nahmen.

Mein größtes Problem in der Zeit nach der Intensivstation war auf der körperlichen Ebene mein instabiler Kreislauf. Sobald ich auf den Beinen war, um in die Dusche oder aufs WC zu torkeln, war mir fürchterlich schwindlig.

Alles drehte sich um mich, und ich hatte dadurch auch große Gleichgewichtsprobleme. Ganz genau erinnere ich mich noch, als ich in der Dusche umkippte und am Fliesenboden

lag, wobei ich mir blaue Flecken holte. Das war das erste Duschen, nachdem sie mir den Katheter entfernt hatten. Mein Kreislauf machte nicht mit. Nach diesem Vorfall wurde sehr streng darauf geachtet, dass immer eine Begleitung seitens des Pflegepersonals mit ins Bad kam.
Zuerst stellte man mir einen Sessel in die Dusche. So nahm ich eine kreislaufschonende „Sitzdusche" und begann Schritt für Schritt diese eigentlich so alltäglichen Dinge wieder zu lernen.
Ganz wichtig war es auch, nach dem Duschen den ganzen Körper einzucremen, da meine Haut durch die Chemotherapie und die vielen Infusionen sehr ausgetrocknet und belastet war.
Ich erhielt in Klagenfurt eine besonders liebevolle Hautpflege und Ganzkörpermassage durch die Schwestern und Hilfsschwestern.
Ich genoss jede Körpereinreibung und war und bin sehr dankbar dafür. Besonderes Augenmerk wurde auf die Mundpflege gelegt, denn gerade die Mundschleimhäute waren sehr in Mitleidenschaft gezogen.
Mehrmals am Tag musste ich nach dem Essen nicht nur die Zähne gründlich putzen, sondern auch den Mund mit einem Mittel ausspülen und danach mit einer ekeligen, nach bitterem Marzipan schmeckenden, dicklich gelben Milch den Mund nochmals sehr gründlich ausspülen, um die Mundschleimhaut vor Infektionen und offenen Stellen

zu schützen. Nach gewisser Zeit graute mir so vor dieser Milch, dass ich Mühe hatte, nicht zu erbrechen.

Immer wieder hatte ich offene Schleimhautstellen in Mund, Nase und auch in der Scheide und oftmals kleinere Blutungen.

Meine Tablettenschachtel war randvoll mit Medikamenten zur täglichen Einnahme. Zirka bis zu 20 Tabletten pro Tag zählte ich einmal.

„Unglaublich!", dachte ich mir, „da nehme ich mein Leben lang keine Pharmazeutika und schwöre auf die Naturheilkunde und Kräuter, und dann plötzlich nehme ich gleich so eine Menge Tabletten!" Die Einnahme fiel mir sehr schwer und es bedurfte großer innerer Überwindung und einer wiederholten positiven geistigen Einstellung: „Du hast diesen Weg gewählt, jetzt geh ihn auch weiter und bitte mit ein bisschen mehr Vertrauen und Überzeugung!"

Nach der morgendlichen Körperpflege wurde ich meist sehr rasch wieder an den Infusionstropf angehängt, entweder für die Chemotherapie oder für Bluttransfusionen oder andere Flüssigkeiten, wie etwa Kochsalzlösungen und den Elektrolyten, (Calcium, Magnesium, Kalium) sowie Spülungen für den Venenweg.

Vormittags war dann auch immer der Zeitpunkt der Blutdruck-, Puls- und Temperaturmessung, das Gewicht wurde täglich kontrolliert, und die wichtigste Frage der Schwester war: „Schon Stuhl gehabt?"

Meine Verdauung war sehr oft ziemlich durcheinander und ich brauchte mehrmals einen Einlauf bzw. ein Abführmittel oder Klistier.

Nach der ersten Chemotherapie, die etwas dosisreduziert und schonender durchgeführt wurde, hatte ich eine „komplette zytologische und zytogenetische und molekulare Remission" nach einer Knochenmarkpunktion am 29. 8. 2012, wie der Arztbrief berichtet.

Das große erwünschte Ziel der ersten Induktionschemotherapie war damit also erreicht. Es war höchste Zeit, nach fast zwei Monaten Krankenhausaufenthalt, endlich nach Hause entlassen zu werden. Der erste Abschnitt meiner Leukämiebehandlung war geschafft. Meine Blutwerte hatten sich gut erholt und man sprach von einer „vollständigen Remission".

Vor jeder Entlassung musste immer diese entsetzliche und schmerzvolle Knochenmarkspunktion gemacht werden, vor der ich mich immer mehr fürchtete, je öfter sie durchgeführt wurde. Dr. Isak erklärte mir, dass unser Gehirn diese sogenannte „Schmerzerinnerung" besitzt, die als Warnvorrichtung für unseren Körper dient.

Endlich konnte ich wieder heim zu meinen Liebsten, die ich schon so sehr vermisste. Ich hatte mich jeden Tag danach gesehnt, wieder bei ihnen zu sein.

Ich war sehr, sehr dankbar, dass alles doch gut gegangen war, obwohl ich sehr lange Zeit in einem sehr kritischen, lebensbedrohlichen Zustand war.

Die Gehirnblutung hatte ich überlebt und damit genug Grund zur Freude, doch ich wusste, dass mein Weg im Klinikum noch lange nicht zu Ende war.

Endlich wieder daheim

Es tat so gut, nach fast acht Wochen wieder zu Hause zu sein. Endlich konnte ich mich entspannen und ausrasten vom Stress im Krankenhaus. Die ständigen Untersuchungen und Kontrollen, die Wartereien mit dem Krankenbett vor den Untersuchungsräumen am Gang, die oft sehr lange dauerten und auch psychisch sehr belastend waren, da ich neben gleich „armen Kreaturen" lag, die stumm, verletzt, verstrahlt, verängstigt und jeglicher Lebensfreude beraubt waren.
Diese ständigen Kontrolluntersuchungen hielten nicht nur meinen Körper im Stress, auch meine Psyche litt immens darunter. Ich fühlte mich wie ein verängstigtes Tier, das Lebensgefahr spürt und deshalb auf der Flucht ist. Psychisch gesehen war ich „auf der Flucht vor der Schulmedizin", mit der ich mich einfach nicht anfreunden konnte. Ich war leider nicht fest überzeugt, dass dieser Weg für mich der richtige ist.
Das Schönste zu Hause war meine Familie, mein Garten, mein eigenes Bett mit meinem Lieblingspolster, den ich schon so sehr vermisste, das eigene Essen, das mir teilweise von meinen Liebsten zubereitet wurde, oder wir erhielten Essen auf Rädern von meiner Verwandtschaft oder aus dem Bekanntenkreis.
Ich wurde rundherum verwöhnt und fragte mich im Stillen: „Habe ich mich selbst oder meine Seele so sehr

vernachlässigt und ihre Bedürfnisse nicht richtig erkannt, dass sie diese Bemutterung und Fürsorge durch andere jetzt nachholt?"

Sehr viel Zeit verbrachte ich mit dem Beantworten der Frage nach dem Warum meiner Leukämieerkrankung. Ich bin überzeugt, dass die „Neue Medizin", jetzt „Germanische Medizin", absolut zutrifft. Sie basiert auf dem Faktum, dass ein Konflikt, der dich ganz unvorbereitet, unerwartet und isoliert trifft, der dich sozusagen „am falschen Fuß" erwischt, regelrechte heftige „Spuren" im Gehirn hinterlässt und durch CT nachweisbar sind. Diese sogenannten „Hamerschen Herde" sind schießscheibenkonfigurierte deutliche Abhebungen am CT-Bild und für jedermann mit freiem Auge deutlich erkennbar.

Dazu möchte ich zur genaueren Erklärung aus dem Buch von Dr. Ryke Geerd Hamer „Krebs, Krankheit der Seele", die „Eiserne Regel des Krebses" näher erläutern und zitieren:

„Die EISERNE REGEL DES KREBS sagt:
1. Kriterium: Jeder Krebs entsteht bei einem allerschwersten akut dramatischen und isolativen Konflikt-Erlebnis-Schock.
2. Kriterium: Der Konflikt-Erlebnis-Inhalt bestimmt die Lokalisation des Krebs im Körper (Organbezug).
3. Der Verlauf des Konfliktes entspricht genau dem Verlauf der Krebserkrankung im Körper. (zit. aus „Krebs, Krankheit der Seele, S.52)

Da vor allem mein Mann und auch ich uns schon jahrelang mit dieser Erkenntnis beschäftigen, wussten wir, dass Leukämie einen starken psychischen Selbstwerteinbruch im Hintergrund als Ursache hat.
Ich weiß es und bin felsenfest überzeugt, dass genau das bei mir der Fall war. Über diesen psychischen Selbstwerteinbruch möchte ich nun berichten: Ich bin Volksschullehrerin und machte in meinem letzten Schuljahr eine sehr enttäuschende Begegnung mit einer Mutter eines Schülers, die mich regelrecht „aus der Bahn geworfen" hat. Der kleine Junge, um den es geht, war mir sehr ans Herz gewachsen. Er war irgendwie anders als alle anderen Kinder, er kam mir vor, als ob er auf unserer Erde auf Besuch von einem anderen Stern wäre. Er war sehr lieb, ungeheuer bemüht, alles richtig zu machen, unglaublich bewegungshungrig und quirlig. Auf seinem Sessel rutschte er ständig hin und her, seine Beine waren immer in Bewegung, die Patschen nie auf seinen Füßen und am liebsten stand er beim Malen, Rechnen oder Schreiben. Das Stillsitzen war für ihn eine Qual. Seine Mutter erzählte mir öfters und auch ausführlich über seine „Geschichte". In der Schwangerschaft bekam sie die erschreckende Nachricht, ihr Kind sei behindert. Es war ein Schock für die ganze Familie. Dennoch beschlossen die Eltern, das Kind zu behalten und es als Gottesgeschenk liebevoll anzunehmen.
Ich konnte mir gut vorstellen, mit welchen Gefühlen

zusätzliche tägliche Turnstunden mit der zweiten Klasse. In Mathematik wurde er einfach differenziert unterrichtet. Er bekam für ihn einfache und leicht zu lösende Aufgaben. In dieser Zeit blühte er regelrecht auf, und ich spürte ganz deutlich, es war für diese Kinderseele die richtige Entscheidung.

Für mich war es stimmig, aber ich bemerkte nicht, dass es für die Mutter eher nicht so war. Sie zog sich zurück, kam nicht mehr so oft, um mit mir zu plaudern, und ich nahm an, dass alles im Lot war und sie einfach nur viel zu tun hätte. Ich deutete diese Nichteinmischung als Zeichen der Zustimmung und des wohlwollenden Einverständnisses.

Am letzten Schultag wurden wie üblich alle Schulkinder, die die Schule verließen, in unserer Aula gebührend verabschiedet. Wir sangen mit dem Schulchor, den ich leitete, Abschieds- und Ferienlieder und zum Schluss das tiefgehende und schöne „Irische Segenslied", welches alle Anwesenden, wie Eltern, Kinder und Lehrerinnen sehr oft zu Tränen rührt.

Auch mein mir sehr ans Herz gewachsener Schüler bekam einen Segensspruch mit, da seine Eltern beschlossen, er werde die Schule wechseln. Dadurch wollten sie verhindern, dass er in unserer Schule als „Sitzenbleiber" gehänselt werde. Es war sicher eine gute Entscheidung.

Der Abschied von diesem besonderen Kind fiel mir sehr schwer. Sein Vater war auch öfters bei schulischen

sportlichen Aktivitäten als Begleitperson dabei, sei es am Wandertag auf die Juvenhöhe oder beim Schifahren in Kolbnitz. Er war sehr engagiert und eine wertvolle Unterstützung. Bei dieser auch für mich sehr ergreifenden Verabschiedung stand aber nur der Vater und der Bub vor mir. „Wo bleibt die Mutter, mit der ich so oft und so lange geredet habe, die selber so viel Wert auf höfliche Umgangsformen bei ihren Kindern legt?" Ich wagte nicht laut zu fragen.
Vater und Sohn gaben mir die Hand und verabschiedeten sich höflich aber kurz und mit wenigen Worten.
Als alle Schüler und Eltern weg waren, stand ich noch immer wie angewurzelt an derselben Stelle. Meine Kollegin fragte mich, was mit mir los sei: „Regina, was ist los mit dir? Du siehst so blass aus, als ob du einen Schock hättest?"
Wie ein Blitz durchfuhr mich diese seelische Verletzung! Ich fühlte mich so gekränkt, so isoliert, so missachtet! Ja, Missachtung ist der richtige Ausdruck für meine gekränkte Befindlichkeit, die ich so sehr verspürte. Genau in diesem Moment erlebte ich diesen massiven Selbstwerteinbruch, so wie es Dr. Ryke Geerd Hamer beschreibt: „Der Konflikt trifft dich völlig unvorbereitet, isoliert und am falschen Fuß." Das ganze Jahr hindurch habe ich so viel Liebe und Zeit investiert für diese Mutter und ihr besonderes Kind, sie sind mir so ans Herz gewachsen, immer wieder hatte ich ein offenes Ohr für ihre Anliegen und ich überlegte mir Lösungsmöglichkeiten und psychologische Hilfestellungen.

Auch noch zuhause gingen mir beide nicht aus dem Sinn, so sehr beschäftigte ich mich damit. „Jetzt am Ende des Schuljahres findet es jene Mutter nicht der Mühe wert, sich von mir zu verabschieden? Jene Frau, die immer so viel Wert auf höfliches Benehmen ihrer Kinder dem Lehrer gegenüber legt, die ihre Kinder korrigiert, wenn sie mich duzen und sie auffordert, mich mit „Sie" anzusprechen. Gerade diese Mutter hat sich nicht von mir verabschiedet! Kein Wort mehr über das Schuljahr, wie sie die Entwicklung ihres Sohnes erlebt hat, kein Wort des Dankes oder irgendeine andere sprachliche Zusammenfassung über das vergangene Schuljahr, wo doch so viel passiert war!"
Ja, so dachte ich wirklich! Ich hatte einfach falsche und unrealistische Erwartungen und nahm mir alles viel zu sehr zu Herzen.
Ich war sprachlos wie ein Fisch, auch meine Seele und mein Herz waren stumm und traurig. Enttäuscht war ich und missachtet fühlte ich mich. Die Zeit schien in diesem Augenblick stillzustehen. Alles fühlte sich ganz leer an.
Ausgelaugt und kraftlos war ich. Dieses Schuljahr hatte mich wirklich „ausgesaugt", denn ich hatte zu viel gegeben und dabei vergessen, meine Batterien aufzuladen.
Nicht nur schulisch fühlte ich mich ausgezehrt, auch im privaten Bereich empfand ich diese Leere und Freudlosigkeit in meinem Leben.

Ich schuftete und gab mein Möglichstes in beiden Bereichen, doch niemand zeigte mir Dank, Lob und Anerkennung. Alles war selbstverständlich. Ich funktionierte nur mehr - wie ein Roboter.
Gut erinnere ich mich einmal an eine Situation, als ich gerade das Zimmer von Paul, meinem Sohn saugte, die Fenster putzte und die Teppiche vom Balkon ausstaubte, als ich ihn mit meinem Mann beim Motorradreparieren sah.
„Die beiden gehen ihrer Freude nach und was mache ich? Ich schufte eigentlich den ganzen Tag ohne Hilfe, ohne Dank und bin so was von freudlos!
Nein, so ein Leben will ich nicht mehr!", beschloss meine Seele.
Diesen leisen, doch sehr deutlichen Impuls spürte ich sehr stark im Innersten.
Es war das zarte, vorsichtige und pulsierende Klopfen meines „inneren Kindes", das mich mahnte, etwas zu verändern, damit meine Lebensfreude wieder entflammt.
Ein Jahr vor meiner Leukämieerkrankung bekam ich diese deutliche Warnung ja bereits durch meinen Bandscheibenvorfall. Damit war ich über ein halbes Jahr ordentlich und schmerzlich „bedient". Es war wieder ein so unvergessliches arbeitsreiches Wochenende, ein regelrechtes „Schaffrafferwochenende": Ich wollte alles „zusammenreißen" und selber schaffen: Haushalt, Schule, einen großen Stapel Hefte korrigieren, Essen vorkochen, Haus putzen

und zuletzt als Belohnung noch eine schnelle Schitour mit meinen Freunden aufs Faschaunereck. Das musste sich auch noch ausgehen. „Ich kann ja nicht nur arbeiten, ich werde auch einen Tag Sport und Freude genießen!", war mein Lebensmotto.

Dass es aber für mich und meine Seele Stress war, bemerkte ich erst abends in der Badewanne. Dann verspürte ich wieder diese so deutliche Stimme, die mir mitteilte: „Einige Monate Auszeit würden dir sehr gut tun!" Ich sehnte mich ernsthaft danach, ein schönes halbes Jahr Pause von allem zu machen.

Mein Wunsch war ein Befehl für meinen Körper! Ein sehr schmerzhafter und langwieriger Prozess erwartete mich mit meinem Bandscheibenvorfall am fünften Lendenwirbel, der mir noch dazu meinen Ischiasnerv stark einklemmte und große Schmerzen verursachte.

Das gelingende, glückliche und gesunde Leben ist ein Wechselspiel zwischen Geben und Nehmen!

Ich hatte aber zu viel gegeben und nicht ausreichend meine „leeren Batterien" aufgetankt. Mein ungeheurer Schaffensdrang bereitete meiner Seele großen Stress. Sie sehnte sich nach Ruhe und innerer Einkehr.

Ich vernachlässigte meine Seele sehr, da bin ich mir jetzt hundertprozentig sicher.

Dabei hatte ich durch diesen Bandscheibenvorfall eine so

eindeutige Warnung bekommen, doch ich hatte nichts in meinem Leben verändert, außer den täglichen Turnübungen, die mir meine Physiotherapeutin verordnete. Um meine Bauchmuskeln zu stärken und fit zu bleiben, habe ich auch mit dem Rudern begonnen.
Zwei Jahre danach bekam ich dann Leukämie, deren geistiges Grundthema die „mangelnde Lebensfreude" ist.
Doch nun wieder zurück zu meiner Krebs-Geschichte.
Ich bin nach der ersten Chemotherapie endlich wieder daheim! Es war Ende August 2015. Nach zirka einer Woche kam endlich der Appetit aufs eigene Essen wieder spürbar zurück.

glaube, es waren kaum vier Wochen. Meine schwerste Entscheidung musste ich wohl oder übel treffen und diese war: „Muss ich diese mir so verhasste Chemotherapie weitermachen?"

Ich fühlte mich doch schon recht gut, der Appetit kam zurück, auch der Geschmack entwickelte sich wieder zufriedenstellend, doch Durst spürte ich noch immer keinen. Erst jetzt merkte ich, wie wichtig Hunger und Durst eigentlich sind. Ich vermisste diese Gefühle so sehr. Meine Verdauung war auch wieder gut, und so fragte ich mich wirklich, wozu ich die Chemotherapie fortsetzten sollte.

Mein Mann war natürlich dagegen, doch ich war mir nicht ganz sicher und so fragte ich meine sehr geschätzte Energetikerin und „Deulytikerin" Ilse, zu der ich absolutes Vertrauen habe, nach ihrer Einschätzung.

„Ich werde den Himmel fragen, welchen Weg du gehen sollst", sicherte mir Ilse zu. Ich bat sie, zu mir zu kommen, denn ich brauchte noch den gewissen „Schutz" meiner vertrauten Umgebung, meines „Nestes".

Es war ein sehr warmer Sommertag, Ende August 2012 und ich erinnere mich noch an jedes Detail. Mein Mann und ich saßen nachmittags in unserer Schattenlaube, als Ilse zu uns kam, um uns zu berichten, wie mein Weg „vom Himmel aus gesehen" weitergehen sollte.

Eigentlich war ich mir fast sicher, dass der Himmel mir sagen wollte, ich brauche keine Chemo mehr, denn das Gift

sei nicht gottgewollt. Mir blieb fast der Atem stehen, als Ilse fest überzeugt erklärte: „Regina, der Himmel sagt, die Schulmedizin = Chemotherapie ist dein Weg, den du gehen sollst! Daran führt kein Weg vorbei!
Ich werde dir energetisch immer zur Seite stehen, und wenn du mich brauchst, bin ich jederzeit für dich da, aber das ist dein Weg, den du wählen sollst. Ari, bitte akzeptiere auch du es und versuch nicht, Regina davon abzubringen! Das ist auch dein Lernweg, andere Entscheidungen anzunehmen, auch wenn du sie nicht bejahen kannst! Aber sei dir sicher, am Ende deines Schattenweges sehe ich helles Licht, denn wo viel Schatten ist, ist auch viel Licht!"

So klar und bestimmt waren ihre Worte.
Wir brauchten eine ganze Weile, bis wir das Ausmaß dieser Entscheidung begriffen. Einer zweiten Chemo zuzustimmen hieß auch, dem gesamten restlichen schulmedizinischen Therapieplan, der aus weiteren chemotherapeutischen Behandlungen bestand, eventuell auch einer Knochenmarktransplantation im AKH Wien, zuzustimmen. Ich verspürte sehr große Angst vor diesem Weg.
Wenn ich wenigstens absolut überzeugt gewesen wäre! Doch in mir nagte immer wieder der Zweifel, und ich spürte eine intensive Abneigung gegen alle schulmedizinische Therapien und Untersuchungen. Meine Angst vor den offenbar unausweichlichen Knochenmarkpunktionen wurde von Mal zu Mal größer. Eine derartige Punktion wurde immer am Ende der Chemotherapie gemacht und auch zwischendurch als Kontrolle gemeinsam mit den Blutkontrollen.
Das Ergebnis dieser Punktion zeigt, ob die Chemotherapie erfolgreich war oder nicht. Man erhält dadurch den zytologischen und den histopathologischen Befund. Nach meiner ersten Chemotherapie hatte ich, wie schon erwähnt, eine komplette Remission, sowohl in zytologischer, als auch in histopathologischer Hinsicht, und es war auch keine Genveränderung feststellbar.
Wieder zurück ins Klinikum Klagenfurt auf die Krebsstation

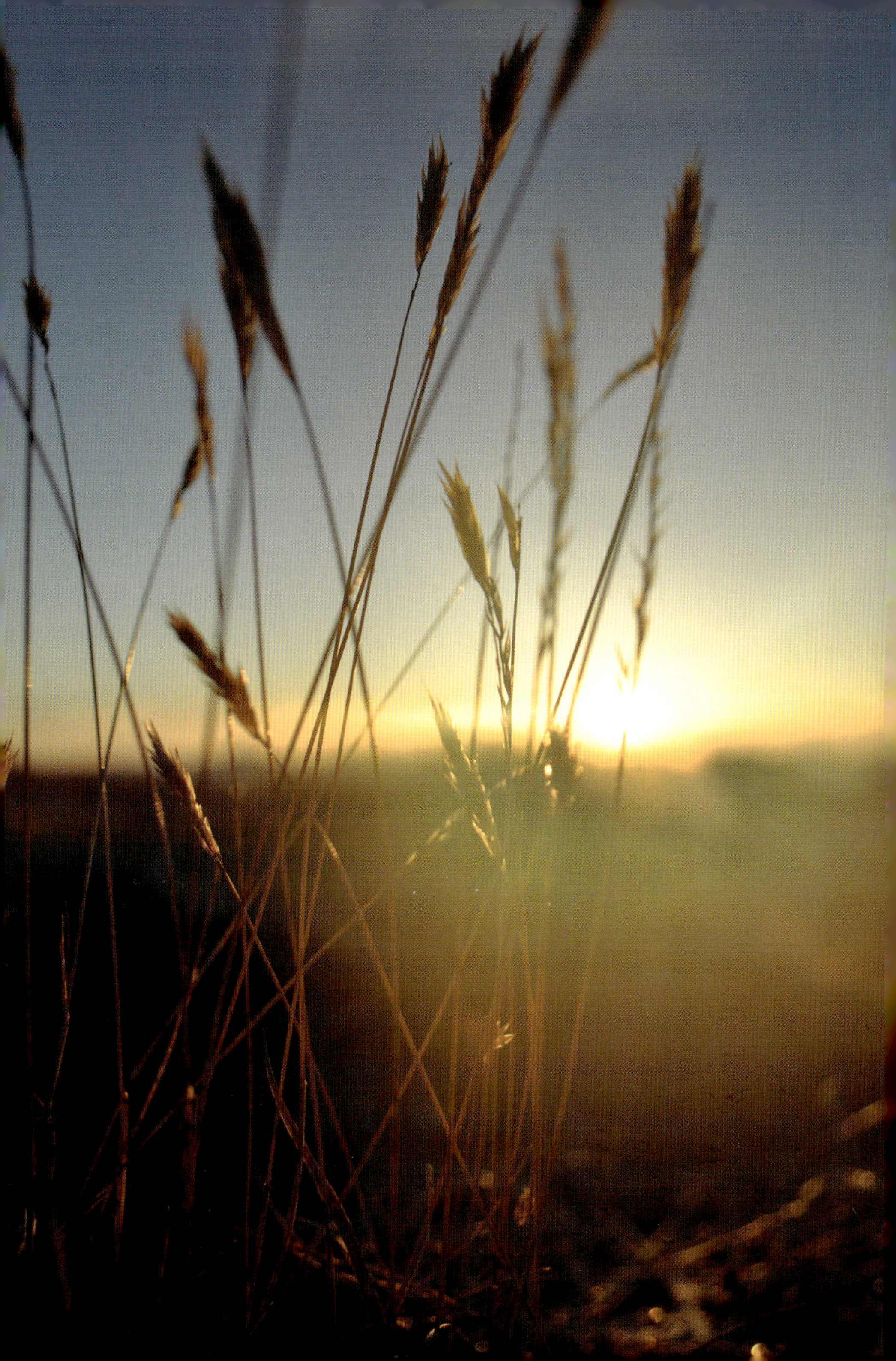

zu gehen, war für mich alles andere als leicht. Lieber hätte ich noch eine Geburt hinter mich gebracht, als diese schwere Hürde, die so schrecklich angstbesetzt war. Doch ich klammerte mich hoffnungsvoll an Ilses Worte: „Am Ende dieses Tunnels sehe ich helles Licht! Es ist dein Weg!"

Zurück im Klinikum

Die zweite Chemotherapie war nicht mehr ganz so schlimm wie die erste, doch ich empfand sie alles in allem als „Folter": Das Isolierzimmer, die ständigen Infusionen, Blutabnahmen um halb sechs Uhr früh, die Appetitlosigkeit, die unzähligen Lungenröntgen und CTs, um mein Hirnödem zu kontrollieren und das Krankenhausessen, das mir ganz und gar nicht schmeckte.
Meine einzige Freude waren die regelmäßigen Besuche meiner Familie und meiner Verwandtschaft. Marlis, meine älteste Schwester, organisierte sie über Handytelefonate, sodass ich fast jeden Tag einmal einen lieben Menschen aus der Familie oder dem Freundeskreis bei mir hatte, die mich aufbauten und mir meine Füße massierten, oder mir etwas Gutes mitbrachten.
So vergingen die Tage im Klinikum. Jeden Tag besuchte mich der Physiotherapeut. Ich musste die verschiedensten Kräftigungsübungen zur Muskelstärkung machen, sowie

Anspannungs- und Entspannungsübungen. Ich mochte es auch recht gern, wenn die Psychologin zu mir kam. Ihr konnte ich mein Herz ausschütten, und wir begaben uns gedanklich oft an meinen „Wohlfühlort". Ich konnte mich jedoch nicht wirklich geistig dorthin versetzen, zu traumatisch war die Situation in meiner „Stammzelle".
Im Krankenhaus hatte ich oft schwere Alpträume und Träume aus meiner Kindheit. Unverarbeitetes wurde jetzt durch Träume zum Ausdruck gebracht. An zwei dieser Träume erinnere ich mich noch, weil ich sie mir damals aufgeschrieben habe.
Einer davon handelte von Malta, wo ich zuvor mit meinen kleinen Kindern lebte. Meine gesamte Familie befand sich auf der großen „Groneggens Wiese", eine ehemalige Nachbarwiese. Irgendeine große Bedrohung stand allen bevor, diese Bedrohung kam von oben, vom Himmel, der sich über uns verdunkelte und plötzlich ganz schwarz wurde. Wir flüchteten aus unseren Häusern und hatten große Angst. Ich scharte meine drei Kinder um mich und sah einige wenige Habseligkeiten auf der Wiese verstreut liegen. Ängstlich blickten wir immer wieder auf den Maltaberg und auf den finsteren Himmel. Es begann zu donnern und grell leuchtende Blitze zuckten über uns. Dann kam heftiger Wind auf, und Regen prasselte hernieder. Ich versuchte verzweifelt, die verschiedenen Schuhe, die von meinen Kindern in der nassen Wiese lagen, nach Paaren zu ordnen.

Doch ich fand kein einziges vollständiges Paar, nur Einzelstücke lagen durcheinander. Ich fühlte mich überfordert, erschöpft und wir alle waren zutiefst verängstigt.

Der zweite Traum war ein „Flucht-Wunschtraum". Meine Familie holte mich ab und wir flohen aus dem Krankenhaus. Ich weiß noch genau, wie ich mein weißes Bettleintuch in meine ausgebreiteten Arme nahm. Dieses Leintuch breitete ich immer über mein Bett, da es durch die Klimaanlage in meinem weißen Isolierzimmer ständig zog.

Ich nahm es im Traum, hielt es über mich gebreitet wie einen Schutzmantel und flog aus dem Klinikum hinaus in den tiefen weichen Schnee, wo ich sanft landete. An dieses befreiende Gefühl des Wegfliegens, Aufatmens und Landens im winterlichen Weiß erinnere ich mich noch sehr intensiv.

Wir waren alle in Sicherheit, mein Mann, meine Kinder und ich. Wir drehten uns um und blickten noch einmal auf das Krankenhaus, dann plötzlich brach es mit einem großen Krachen und anschließender gewaltiger Staubaufwirbelung zusammen. Mein Mann rief lauthals "nichts wie weg!", und wir rannten alle davon.

Dies war sicher mein geheimster, innerster Wunsch, aus dem Klinikum zu flüchten, so interpretierte ich diesen Traum.

Eine weitere Hürde auf meinem Weg

Während des zweiten Chemotherapiezyklus wurde mir dringend angeraten, mir einen zentralen metallenen „Portakath" einsetzen zu lassen. Dieser „port" (Kurzform) ist ein Implantat, das unter die Haut eingesetzt wird. Dadurch wird ein körpereigener Venenzugang ermöglicht, der unter örtlicher Betäubung unter die Schulter „eingepflanzt" wird. Es handelt sich dabei um ein zirka ein cm^2 großes Metallstück mit einer Membran und einem kleinen Schlauch, der mit einem passenden Blutgefäß verbunden wird und somit eine Verbindung zur Herzvene besitzt.
Dadurch wird man zum „Implantatträger" und bekommt einen Ausweis für den Fall einer Auslandsreise oder bei einer Kontrolle am Flughafen.
Dort löst dieser Metalldetektor Alarm aus, und dieser Ausweis bestätigt das Tragen eines Metallimplantates.
Dieser Portakath, den ich eingesetzt bekäme, wäre einerseits eine große Erleichterung, müsste ich doch bei meinen täglichen Blutabnahmen nicht immer meine schon kaputten Armvenen opfern, andererseits wollte ich aber auf keinen Fall so ein Metallstück in meinem Körper tragen.
Bei einer meiner Blutkontrollen zwischen den Chemotherapien traf ich einen anderen Patienten, der mit seiner Freundin darüber sprach, wie froh er sei, den „Port" zu haben. Auch bei den Kontrollen zwischen den Chemotherapien

besteht er darauf, dass die Ärzte den „Port" verwenden. Wozu hätte er ihn denn implantieren lassen, bemerkte er beharrlich.
Ich ging zu ihm, wagte ihn anzusprechen und erzählte ihm von meiner Situation. Er überzeugte mich, einen Portakath machen zu lassen: „Bei mir dauerte es höchstens zehn Minuten, es war gleich wieder vorbei. Du wirst örtlich betäubt, spürst fast nix. Dafür brauchst du dich nicht täglich stechen zu lassen, es spricht eigentlich nichts dagegen."
So führte also kein Weg am Portakath vorbei. Ich bekam gleich darauf den Termin für die Implantation am 18. September 2012. In diesem Herbst hatte ich einen weiteren stationären Aufenthalt während einer weiteren „Chemorunde" im Klinikum auf der Station D der Onkologie.
Nüchtern wurde ich an diesem Morgen mit meinem Bett in den OP gefahren und wurde dort im Warteraum „abgestellt wie ein Koffer", der niemandem gehört. So fühlte ich mich jedenfalls damals.
Als man mich aufrief, wollte man mein Identifikationsband am Arm kontrollieren, doch das hatte ich im Zimmer gelassen. Ich hasste dieses Band mit meinem Namen und meiner Versicherungsnummer darauf. Es stempelte mich irgendwie gefühlsmäßig ab als Patientin des Klinikums, und ich trug es sehr ungern. Doch diesmal, vor meiner Implantat-Operation, brachte mir meine Verweigerung, das Band zu tragen, recht viel Rüge ein. Ein Pfleger musste es von

meinem Zimmer holen, und ich musste versprechen, in Zukunft dieses Identifizierungsband immer brav zu tragen, am besten gar nicht runtergeben, auch nicht beim Duschen.

Kurz darauf wurde ich in den Operationssaal geschoben. Dort war recht viel los. Vermummte Schwestern und Ärzte mit Mundschutz und grünen Flieshäubchen starrten mich an. Zur Beruhigung bekam ich eine Spritze, dann wurde mein Kopf hinter einem grünen sterilen Laken so gedreht, dass ich nichts vom Hantieren an meiner rechten Schulter sehen konnte. Ich wurde lokal im vorderen Schulterbereich betäubt, was gar nicht so schmerzfrei war, wie man mir erzählt hatte. Nach einer kurzen Einwirkzeit wurde dann unter meinem rechten Schlüsselbeinknochen ein zirka fünf Zentimeter großer Schnitt gemacht und die Oberhaut geöffnet. Die Chirurgin musste nun eine geeignete Herzarterie suchen, die groß genug war, um sie mit einem dünnen Schlauch über den Portakath zu verbinden. Doch dies war alles andere als leicht bei mir. Ich konnte alles, was unter meiner Haut gemacht wurde, spüren, auch wenn es nicht weh tat. Die Chirurgin suchte sehr lange und wurde zunehmend nervöser, denn sie konnte kein passendes Gefäß finden. Alles, was sich bei mir anbot, war zu eng und ungeeignet für eine gute Verbindung mit dem einzusetzenden Implantat. Ich bekam die ganze Aufregung natürlich live mit. Alles was gesprochen wurde und auch die zunehmende Anspannung übertrug sich auf mich. Mein Blutdruck und mein Puls stiegen in die Höhe und ich wurde wiederum sediert. Nach zirka einer Dreiviertelstunde wollte die Ärztin schon aufgeben und ordnete an, den Oberarzt zu Hilfe zu rufen. Ich schickte sofort ein Stoßgebet zu Gott und sandte im Geist helles Christuslicht über uns: „Bitte, lieber Gott, lass´ sie ein gutes Gefäß finden und schick uns deine Hilfe!" Gleich darauf rief die Chirurgin erleichtert: „Super, da haben wir ja eines, Gott sei Dank!"

„Gott, ich danke dir auch, dass Du so schnell zur Stelle warst!", dankte ich still und demütig.

Der Portakath wurde implantiert und ich wieder zugenäht. Wenn ich gewusst hätte, wie lange diese OP dauern und dass ich diese Anspannung live mitbekommen würde, hätte ich auf eine Kurznarkose bestanden, wie es mein Leidensgenosse Martin gemacht hatte. Er sagte ganz klar: „Ich bestehe auf eine Kurznarkose, denn das möchte ich mir ersparen!"

Aber ich war dennoch heilfroh, wieder eine weitere Hürde meiner Leukämie überstanden zu haben.Mein neu implantierter Zugang funktionierte anfangs klaglos. Er wurde alle sechs Tage neu angestochen, dann blieb die Nadel und der Schlauch fünf Nächte in meinem Port stecken, wurde regelmäßig desinfiziert und mit Kochsalzlösung durchgespült, damit kein Blut darin verkrustet und somit den Zugang verstopfen konnte.

Am sechsten Tag musste der Zugang wieder gewechselt

und neu angestochen werden. Dies war meist die Aufgabe der Turnusärzte und einige waren darin schon sehr geschickt und routiniert, sodass ich das Anstechen mit einer relativ dicken Nadel nur kurz spürte. Doch bei einigen „Neulingen" merkte ich deren Unsicherheit und Nervosität. Dementsprechend schmerzvoll war dann das Auswechseln der Nadel.
Eigentlich fühlte ich mich elendig. Mein Kopf war und blieb eine Glatze, meine Augenbrauen fielen aus, Wimpern entdeckte ich auch nur mehr spärlich und meine gesamte restliche Körperbehaarung hatte sich auch gänzlich verabschiedet. Von der Chemotherapie war mir immer übel und ich hatte keinen Appetit.
Nackt, bloß und der Medizin ausgeliefert! So fühlte ich mich körperlich und seelisch.
Im Herbst 2012, vom 17. September bis 16. Oktober hatte ich meine zweite Chemotherapie.
Die vier bis fünf Tage, an denen ich die Zellgiftinfusionen bekam, durfte ich auf der Station liegen, danach wird den Leukämiepatienten dann immer ein keimfreies Isolierzimmer in der sogenannten „Stammzelle" zugewiesen, wie ich ja schon erwähnte.
Nach der Chemotherapie fällt der Leukämiepatient nach einer gewissen Zeit in die sogenannte „Aplasie". Das ist jene Zeit, in der sein Körper mit seiner Abwehr und auch das Blut ganz am „Nullpunkt" ist. Alle Krebszellen und alle

sich rasch teilenden Zellen sind zerstört, ebenso das Knochenmark und die Schleimhautzellen. In dieser oft sehr kritischen Aplasiephase brauchen die Patienten fast immer Blutkonzentrate der eigenen Blutgruppe und Blutplättchen, die Thrombozyten, die man dann als Infusion über den Venenweg verabreicht bekommt. Zusätzlich werden noch viele weitere Infusionen verabreicht, z. B. Kalzium, Kalium, Magnesium und andere Elektrolyte, je nachdem, welchen Mangel das Blut aufweist. Na-Cl-Lösungen gibt es rund um die Uhr, sogar nachts. Während der Chemotherapie wird ein eigenes Mittel gegen die Übelkeit als Infusion gegeben, bei mir war es das Mittel „Zofran". Von dem bekam ich aber so gewaltige Verstopfung, dass ich die Wahl hatte: entweder Übelkeit oder Verstopfung.
Immer öfters brauchte ich ein Klistier oder andere orale ekelhaft schmeckende Pulverlösungen, die meine Verdauung wieder regeln sollten.
Als mir davor wieder einmal so grauste, beschloss ich, das „Zofran" einmal zu verweigern. Die Übelkeit war für mich leichter zu ertragen als die andauernde Verstopfung. Auch während meiner zweiten Chemo hatte ich überhaupt keinen Appetit, und ich ekelte mich vor allem Essbaren. Alles schmeckte eigentlich nach gar nichts. Ständig hatte ich einen Metallgeschmack im Mund. Um aber nicht wieder künstlich ernährt werden zu müssen, zwang ich mich jeden Tag, wenigstens kleine Happen und öfters zu essen. Abends

mochte ich nicht wieder ein warmes Menü, so bestellte ich meistens Sterz oder einen Milchbrei. Diese Speisen rutschten am ehesten, und ich vertrug sie auch recht gut. Zu dieser Zeit hatte ich schon fast fünfzehn Kilogramm abgenommen.

Die zweite Induktionschemotherapie dauerte zirka sechs Wochen, die Aplasiephase in der Stammzelle ungefähr drei Wochen. Ich hatte wieder massenweise Blutkonserven und Thrombozyten, sowie einen unangenehmen Portakath unter meiner rechten Schulter implantiert bekommen, und zu guter Letzt war dann noch meine so gefürchtete Punktion am Beckenknochen für die Knochenmarkuntersuchung ausständig.

Wie ich schon erwähnte, erlebt man diese Punktion von Mal zu Mal schmerzintensiver, eben wegen dieser „Schmerzerinnerung".

Nach der zweiten Chemo hatte ich das große Glück, dass Dr. Hemma Aschenwald, eine Anästhesistin und zugleich meine Stiefschwester mir anbot, sie werde mit Dr. Kanatschnig reden und mir eine kurze Betäubung, sprich Kurznarkose, verabreichen. Dr. Hemma Aschenwald machte damals im Klinikum Klagenfurt ihr Facharztpraktikum, und sie kam mich netterweise fast täglich besuchen.

Dr. Kanatschnig war damit einverstanden. So erhielt ich das erste und einzige Mal die Punktion unter Kurznarkose und bekam eigentlich nicht viel mit, außer einer nachträglichen

großen Müdigkeit und Schlappheit, die noch mehrere Stunden anhielt. Aber ich war sehr dankbar, dass diese weitere Schmerzerfahrung diesmal ausbleiben durfte.
Am 16. Oktober 2012 wurde ich endlich wieder nach Hause entlassen.
Im mitgegebenen Arztbrief konnte ich wieder die erfreuliche Mitteilung einer „totalen Remission" lesen, was so viel heißt wie: Alles in Ordnung, meine Blutwerte waren wieder normal.
Mir wurde eine „Galgenfrist" von genau dreizehn Tagen Heimaturlaub gewährt, bevor die dritte Chemotherapie am 29. 10. 2012 begann.
Bevor ich jedoch mit meiner Schwester Marlis nach Hause fuhr, kaufte ich mir noch im Friseursalon des Klinikums eine Perücke. Ich weiß immer noch nicht genau, warum ich das tat, aber ich hatte mir in den Kopf gesetzt: „Ohne Perücke fahr ich heute nicht nach Hause!" Ich setzte sie jedoch nur ein einziges Mal zum Spazierengehen bei Schneefall auf, daran erinnere ich mich noch gut. Meine Kinder lachten, als sie mich mit Perücke sahen und meinten einstimmig: „Mama, das bist nicht du. Komm, nimm sie runter!"
Ich selbst fühlte mich auch überhaupt nicht wohl damit.
Einige Monate später gab ich sie dann beim Friseur zurück. Vielleicht konnte sie weiterverwendet werden. Geld bekam ich natürlich keines dafür.

Erlösende Verschnaufpause - endlich wieder daheim!

Es war Herbst 2012, als ich von der zweiten Chemotherapie nach Hause entlassen wurde. Ich war so froh und glücklich, endlich wieder bei meiner lieben Familie zu leben, spazieren zu gehen, mich umsorgen zu lassen, mein wertvolles und gesundes Essen zu mir zu nehmen und freute mich wie immer auf mein Bett und meinen Polster.
Rundherum wurden meine so eingetrübten Sinne wieder von Farben und einer inspirierenden und heilsamen Umwelt, die mir mein Garten, meine Pflanzen, mein liebevolles Heim und meine geliebte Umgebung zum Spazierengehen und „Seelebaumelnlassen" anboten, erhellt.
Immer deutlicher spürte ich, dass sich mein Mann um mich große Sorgen machte. Ari war sich sicher, dass die Schulmedizin der falsche Weg war. Doch er dachte natürlich an Ilses Worte, er musste meine Entscheidung respektieren, und durfte mich von diesem Weg nicht abbringen.
Er tat mir richtig von Herzen leid. Für ihn muss es besonders schwer gewesen sein, zuzuschauen und mitleiden zu müssen, mit der persönlichen Gewissheit, dass ich ins offene Messer rennen würde und er nichts dagegen unternehmen kann und auch nicht darf. „Das musst du lernen, Ari, andere Entscheidungen zu akzeptieren!", so die Worte meiner Energetikerin.

Ganz selten hat mein Mann versucht, mit mir über Alternativen neben der Schulmedizin zu reden, mich umzustimmen und darauf zu vertrauen, dass es schon wieder wird, wenn ich nur meinen Konflikt lösen und dann darauf vertrauen kann, dass die Heilung ihren Lauf nimmt.

Aber ich wusste innerlich, dass ich diesen Weg der „Neuen Medizin" für mich nicht gehen konnte. Leider war ich auch nicht voll überzeugt von meinem Weg der Schulmedizin. Die Erholungs- und Regenerationszeit zwischen den Chemotherapien war immer viel zu kurz. Meistens waren es kaum zwei Wochen.

Wenn ich jetzt zurückdenke, kommt es mir vor, als ob man einem Ertrinkenden für kurze Zeit ein kleines Rettungsboot borgt, damit er sich zwischendurch zwei Wochen ausrasten kann, um ihn dann auf die große Flut, die bald bedrohend auf ihn zukommt, vorzubereiten.

Meine dritte Chemotherapie-Runde

Der dritte Block der Chemotherapie begann am 29. Oktober 2012 und dauerte bis 22. November 2012. Diese Therapie nannte sich laut Arztbrief St.p.2. Konsolidierung AIDA-Protokoll mit weiterhin CR (zytologisch, zytogenetisch und molekular) KMP vom 11.12.2012

Auch die dritte Runde war durchsetzt von Angst, Schlaflosigkeit, Appetitlosigkeit, Alpträumen und von großer innerer Leere und Hoffnungslosigkeit begleitet.
Der Tag begann wie gewohnt um halb sechs mit der so stressbesetzten Blutabnahme durch den Portakath. Ab und zu funktionierte mein Port nicht, dann wurde er oftmals durchgespült. Doch nicht immer hatte der diensthabende Turnusarzt genug Zeit, um sich mit der „Ingangsetzung" meines Portakaths zu beschäftigen, denn für ihn drängte die Zeit täglich.
So wurde ich halt wieder gestochen, bzw. manchmal „verstochen", denn meine Venen waren schon sehr kaputt. Ich war aus diesem Grund den Schwestern in Klagenfurt so unsagbar dankbar, wenn sie sich Zeit und Ruhe nahmen, um meinen verstopften Zugang wieder durch intensives Durchspülen mit Kochsalzlösung zu aktivieren.
Zwei meiner Leidensgenossen, die ebenfalls an Leukämie erkrankt waren, mussten den kurz vorher implantierten

Port wieder entfernen lassen, da sie eine Infektion mit hohem Fieber bekamen. Das Metallimplantat unter der Haut stellte in ihrem Fall eine zu hohe Gefahr dar. Die psychisch schlimmste und am meisten angstbesetzte Chemotherapie erhielt ich vom 17. 12. 2012 bis 14. 01. 2013.

Vierte Chemotherapie über Weihnachten 2012

Auszug aus meinem Arztbrief:
„St.p.3. Konsolidierung AIDA-Protokoll ab 17. 12 2012 Dosisreduktion der Chemotherapie wegen schwerer reaktiver Depression mit Angstzuständen und Schlafstörungen, febrile Neutropenie mit unkompliziertem Verlauf, weiterhin komplette zytologische/zytogenetische Remission, aber keine molekulare Remission (KMP vom 29.1.2013)
Während dieser vierten Chemotherapie bekam ich eine ganz neue Art der Chemotherapie, nämlich eine sogenannte „Hochdosistherapie" mit Chemotabletten und Chemospritzen, die ich unter meine Bauchdecke gespritzt bekam.
In dieser schlimmsten Zeit war ich über Weihnachten im Klinikum. Eines Morgens, es war der zweite Tag meiner neuen Hochdosistherapie, kam ein Wiener Turnusarzt zur Blutabnahme um halb sechs Uhr. Er erklärte mir ziemlich erstaunt, dass er verwundert wäre, dass diese sehr riskante Hochdosierung hier in meinem Fall angewendet werde,

da sie schon eine ziemlich riskante Angelegenheit für den Patienten sei.
Ich fühlte mich überhaupt nicht gut. Große Angst und innere Unruhe quälten mich. Verzweiflung wegen meiner nicht funktionierenden Verdauung und Erschöpfung wegen des fehlenden Schlafes kamen noch dazu.
In der darauffolgenden Nacht schlief ich dann nach langem Warten auf den Schlaf doch kurz ein und hatte dann einen grässlichen Alptraum, den ich schon aus meiner Kindheit kannte, und der mich schon als Kind seit meiner traumatischen Mandeloperation verfolgte. Ich war damals noch ein Volksschulkind mit zirka neun Jahren und litt entsetzliche Todesangst. Zum besseren Verständnis möchte ich kurz erzählen, was bei dieser schrecklichen Mandeloperation passiert war.

Meine Mandeloperation als Volksschulkind

Als Kind litt ich immer wieder an eitriger Angina. Meine Mandeln waren öfters stark geschwollen und sehr stark vereitert.

Nach längerem Zögern und Gesprächen mit unserem Hausarzt beschlossen meine Eltern dann doch, mir meine eitrigen Mandeln und Nasenpolypen beim Hals-Nasen-Ohrenarzt in Spittal herausnehmen zu lassen.

Damals war eine solche OP in der Privatpraxis noch üblich, wenngleich es auch im Krankenhaus angeboten wurde. Doch bei diesem Arzt dauerte der Aufenthalt nur eine Nacht, und so schien es meinen Eltern der bessere Weg zu sein. Im Krankenhaus Spittal hätte ich einige Tage bleiben müssen.

Vor zirka 40 Jahren war es noch üblich, solche Operationen mit Äther durchzuführen. So wurde mein Papa beauftragt, die Ätherflaschen in der Apotheke für mich zu besorgen. Als er das Narkotikum abholte, fragte die Verkäuferin besorgt, warum er drei Flaschen brauchte.

Ich erinnere mich noch sehr gut an diese traumatische Operation, die sehr tiefe Narben in meinem Leben hinterlassen hatte. Papa wurde angewiesen, mich auf dem Operationsbett an den Beinen festzuhalten, eine Arzthelferin hielt mich an meinen Armen und Schultern fest und drückte mich auf die Unterlage. Daraufhin wurde mir um mein Gesicht ein

mit einem Baumwollstoff bezogener Holzrahmen gelegt, und der Arzt begann, mir tröpfchenweise das Äther auf die Baumwollwindel zu träufeln.
"Jetzt zähle, soweit du zählen kannst!", befahl er mir.
Ich begann zu zählen. Bald war ich so benommen von diesem fürchterlichen Geruch des Narkosemittels, dass ich wieder von vorne beginnen musste.
Wieder war ich bei 50, dann schließlich bei 100, dann musste ich wieder von vorne zu zählen beginnen. Ich zählte und zählte und bekam Panikattacken.
Ich hatte das Gefühl zu ersticken und keine Luft mehr zu bekommen. Der Äthergeruch brannte sich ein in mein Gehirn und in jede Zelle meines Körpers, dass mir heute noch ganz schlecht wird, wenn ich Ähnliches rieche.
Ich wehrte mich mit geballter Kraft und schlug mit Armen und Beinen um mich. Alle Beteiligten hatten große Mühe mich festzuhalten, denn ich drehte und wand mich einmal nach links und nach rechts und versuchte mit äußerster Kraftanstrengung, diesem „Todeskampf" zu entkommen.
Ich schrie verzweifelt um Hilfe: „Papa, Papa, bitte hilf mir! Warum hilfst du mir nicht?"
„Weiterzählen und tief atmen!", forderte mich ein äußerst nervös gewordener Arzt auf, während er schon zittrig das Äther weiterträufelte.
Dieser Kampf kam mir wie eine Ewigkeit vor. Jetzt war sogar das dritte Fläschchen Äther an die Reihe gekommen.

verzweifelten und angstbesetzen Lage zu ändern. Jeden Tag und jede Nacht dieselben Ängste, dieselben Nöte, diese unglaubliche Todessehnsucht und jeder Tag, der für mich eine Ewigkeit wurde. Diese Sehnsucht nach dem Tod hatte ich noch nie zuvor in meinem Leben gekannt.

Ich wollte nicht mehr lesen, verweigerte mir selbst die Körperpflege, wollte keine Musik mehr hören, verweigerte das Essen und Trinken und wollte nicht einmal mehr sprechen. Auch mein Besuch konnte mich nicht aufheitern.

Ich wusste nicht, was reden und es interessierte mich auch absolut gar nichts mehr.

Nicht nur räumlich, auch in meiner Seele war alles grau in grau.

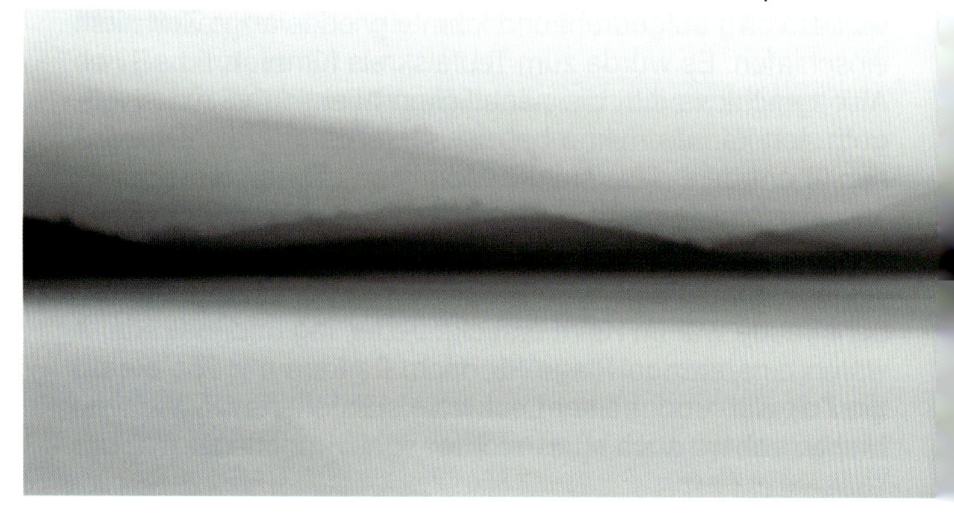

Beten konnte und wollte ich auch nicht mehr. Mein spiritueller und geistiger Draht nach oben war verschlossen, und ich hatte absolut kein Bedürfnis, für Heilung zu bitten und zu beten. Ich war eher zornig auf Gott, dass er zulässt, dass es mir „dreckig" geht und er mich so im Stich lässt.

Es waren die „Raunächte" kurz vor Weihnachten 2012, als ich wieder ganz schreckliche und böse Alpträume hatte.

Eines Nachts, ich glaube es war der 19. Dezember, spürte ich ganz deutlich, dass etwas Böses auf meiner Brust saß, mich niederdrückte und mir die Luft abschnürte. Ich fühlte diesen starken Druck auf meinem Sonnengeflecht.

Meine Uroma erzählte mir einmal davon, dass der Tod, wenn er jemanden ausgesucht hat, sich auf ihn setzt. Dann, so sagte sie, spricht man davon, dass die „Trud" auf einem sitzt, die einen erdrücken möchte. Genau das spürte ich in dieser Raunacht. Es fühlte sich äußerst bedrohlich an, dunkel und allmächtig böse, als ob der Teufel auf mir Platz genommen hätte, um mich mitzunehmen.

Dann spürte ich, wie er mir einen Stoppel aus der Brust zog und mich regelrecht „ausließ", so fühlte es sich an. Ich spürte, wie mir meine Lebensluft entzogen wurde, so als ob man den Stöpsel aus einer Luftmatratze herausziehen würde und die Luft mit einem großen Zischen entweicht.

Dieses dramatische Todesszenario wiederholte sich einige Male, und es fühlte sich ganz real an.

„Jetzt bin ich tot! Aber da ist ja kein Licht, es ist alles nur finster!", dachte ich mir.

Am nächsten Morgen wachte ich auf und wusste, dass es ein schlimmer Alptraum gewesen war, der sich in der nächsten Nacht noch einmal wiederholte. Aber es fühlte sich nicht wie ein Traum an, für mich schien es Realität zu sein.
In einer weiteren Raunacht träumte ich von meinem Bruder Helmuth. Er fuhr mit seinen Tourenskiern mit mir auf einem Holzschlitten, der Heu beladen und mich obendrauf

in meinem weißen Krankenhausnachthemd liegend aufgebahrt hatte, doch ich lebte noch. Ich hielt mich an den hölzernen Seitenstreben fest und wurde durch die vielen Kurven, die Helmuth mit mir abwärts raste, hin und her geschleudert. Diese unheimliche Talfahrt wurde immer schneller und der Holzschlitten raste und raste, flog um die eisigen Kurven und mein Bruder hatte große Mühe, ihn zu halten und zu lenken. Er durfte nicht umkippen und nicht aus der Schneebahn springen. Genauso fühlte ich mich:

„Aus der eigenen Lebensbahn geschleudert und in eisiger, kalter Todesfahrt hinabstürzend zu meinem Lebensende."

Diese Zeit war sicherlich der Tiefpunkt während meiner Leukämieerkrankung. Ich wollte so nicht mehr leben. Dieses Leben bestand nur mehr aus Angst, Not und Pein, ich hatte überhaupt keine Kraft und Freude mehr, fühlte mich so ausgelaugt und leer. Ich verlor über zwanzig Kilogramm an Körpergewicht, mein sonst so guter Appetit und Schlaf waren mir geraubt, Alpträume mit Todesinhalt waren meine Themen, begleitet von Infektionen und Fieberschüben. Ich wollte nicht mehr weitermachen und alles schien mir sinnlos.

Ich sah kein Licht mehr für mich.
Wenn ich frühmorgens in meine Tablettenschachtel blickte,

begann sich mein Magen schon zu verkrampfen. Bis zu 30 Tabletten musste ich morgens, mittags, abends und nachts nehmen, und das täglich.

Gegen meine schwere Depression bekam ich diverse Psychopharmaka verschrieben. Das große Problem dieser Medikamente bei einer Depression ist jedoch, dass sie erst nach ein paar Wochen zu wirken beginnen.

Es braucht im Durchschnitt drei bis vier Wochen, bis ein sogenannter „Spiegel" im Blut aufgebaut wird, um zu erkennen, ob das Mittel das Passende ist.

Ein Wechsel auf andere Psychopharmaka dauert dann wiederum etliche Wochen. Mir persönlich halfen die Antidepressiva überhaupt nicht. Im Gegenteil, denn ich war ziemlich durcheinander und verwirrt.

„Oh, Gott! Wie lange soll meine Qual, diese Hölle, durch die du mich schickst, noch dauern? Wie lange schickst du mich noch durch diese Wüste?"
Immer wieder stellte ich mir in meinem Isolierzimmer diese peinigende Frage. Abgeschieden vom Rest der Welt war ich körperlich, psychisch und seelisch. Die Zeit dieses Wartens kam mir unendlich lange vor.
Der Tag scheint nicht vergehen zu wollen, wenn man keinen Lebenswillen und keine Freude mehr hat.
„So ist es, wenn du eine Depression erleidest: Du bist verrückt! Diese Konstellation, die sich im Gehirn manifestiert, rückt dich ins Abseits.
Dr. Ryke Geerd Hamer nennt es „Resignationskonflikt". Du gibst auf, kapitulierst vor deinem Leben, hast zu nichts mehr Lust und Freude und bist innerlich so unendlich leer. Du sehnst dich danach, dass alles ein Ende hat, einfach tot zu sein, um das Leid nicht mehr ertragen zu müssen."

Meine vierte Chemotherapie endete am 14. Jänner 2013. Ich konnte endlich nach einem Monat wieder nach Hause, um mich zu erholen, auszurasten und zu entgiften. Ich

hatte jetzt schon so viel Zellgift durch die vier Chemozyklen in mir, dass ich dringend eine Entgiftung meines Körpers brauchte.
Von vielen Seiten wurde mir „PANACEO" empfohlen. Dieses Produkt ist ein reines Naturprodukt und wird auch „Stein der Weisen" genannt.
Dr. Ilse Triebnig, eine Wahlärztin in Villach, die onkologische Nachsorge anbietet, ist absolut überzeugt von diesem Produkt. Ich war bei ihr zur Nachsorge, und sie hat es mir dringend empfohlen. Dr. Ilse Triebnig schrieb ein Buch darüber. Es hat den Titel: „Der Stein des Lebens"
„Wie das Vulkanmineral Zeolith-Klinoptilolith Ihre Gesundheit und Ihr Leben retten kann!"
Darin wird beschrieben, wie durch eine weltweit einzigartige Vermahlungstechnik (PMA = Mikro-Aktivierungs-Technologie) das Jahrmillionen alte Vulkanmineral Zeolith zum wohl effektivsten Entgiftungsmittel unserer Zeit wird.
Ich zitiere aus dem Buch von Dr. Triebnig: „Der Stein des Lebens", die Ergebnisse in der medizinischen Anwendung liefern den Beweis.
Mehr als 10 Jahre lang hat die renommierte österreichische Schul- und Komplementärmedizinerin Dr. Ilse Triebnig das fein zerriebene Lavagestein bei über 2000 Patienten äußerst erfolgreich als Naturheilmittel angewendet. Das praktische und zeitgemäße Universalpräparat ist als ´biologisches Rostschutzmittel´ nicht nur dort

gefragt, wo die Schulmedizin an ihre Grenzen stößt. Ein Buch für alle, die nach Heilung suchen, ihren Körper vitalisieren und energetisieren wollen, aber auch für chronisch Kranke, die ihre Gesundheit auf natürlichem Wege zurückerlangen möchten. Durch sein noch nie da gewesenes Entgiftungspotential ist das Vulkanmineral Zeolith ein wahrer Segen für den mit Schadstoffen verseuchten modernen Menschen von heute!"
Ich entgiftete also meinen Körper mit „Panaceo" und den pflanzlichen „Salvestrolen", die ich von meiner Schwägerin empfohlen bekam.
Im Jänner 2013, nach meiner vierten Chemotherapie, war auch das „Endlich-wieder-daheim-sein" für mich eine Qual, da ich sehr starke Depressionen hatte, die einfach mein Leben und meine Hoffnung auf Genesung so stark blockierten. Das Einzige, was ich dennoch fast täglich schaffte und wozu ich mich konsequent aufraffte, waren meine weiten Spaziergänge in der frischen Winterluft. An einen dieser Winterspaziergänge im Schnee erinnere ich mich noch besonders gut. Ich machte ihn mit meiner Schwester Marlis. Wir drehten eine große Runde bis Kötzing hinauf und setzten uns oben beim Kreuz auf die Wegbank und sprachen über mein Leben. Rund um uns herum lagen die verschneiten Felder und ich weinte und sagte: „Marlis, ich mag nicht mehr! Mit dieser Depression macht mir mein Leben keine Freude mehr, was soll ich nur tun?"

Ich musste meinen Tränen freien Lauf lassen, denn ich hatte so eine unendliche Traurigkeit und Schwere in mir.
Marlis versuchte, mir Mut zu machen: „Du willst doch noch miterleben, wie deine Kinder und Enkelkinder sich weiterentwickeln? Was sie machen werden aus ihrem Leben?"
Vieles erzählte mir Marlis noch, wofür es sich lohnte zu leben und worüber ich Grund zur Freude hätte, aber für mich war sie nicht spürbar, diese Lebensfreude. Ich fühlte mich dem Tod viel näher. Der Kehrvers eines Liedes, das ich einmal beim Chor „Vox Nova" gesungen hatte, ging nicht mehr aus meinem Kopf:

„Komm süßer Tod, komm sel′ge Ruh!"
Zum Einschlafen abends musste ich immer noch die sehr starken und abhängig machenden „Temesta" Schlaf- und Beruhigungstabletten nehmen.

Zusätzlich nahm ich noch ein anderes Beruhigungsmittel als Psychopharmakon. Bei jeder Einnahme dachte ich: „Wie lange kann das noch gutgehen?"
Aber ohne diese Medikamente fand ich überhaupt keinen Schlaf.
Nach diesem vierten Chemozyklus hätte ich schon nach sechs Wochen, spätestens mit den sogenannten „Erhaltungstherapien" mit „Trisenox" und „Atra" fortfahren sollen. Aber ich konnte nicht mehr! Mein Körper und meine Psyche sagten: „Nein, jetzt ist genug. Du brauchst noch Zeit zum Regenerieren!"
Also beschloss ich einfach, daheim zu bleiben, obwohl die Ärzte rundherum mich drängten, doch mit der Behandlung weiterzumachen.
Dr. Isak rief mich an, Dr. Linder, mein Hausarzt versuchte mich zu überreden, und auch die Fachärztin Dr. Jutta Nagele erklärte mir den Ernst meiner Lage und die unbedingte Notwendigkeit, mit der Therapie weiterzumachen.
Ich war so verzweifelt und betete sehr oft um ein Zeichen vom Himmel: „Herr, du mein Schöpfer, bitte schicke mir ein Zeichen vom Himmel, was ich tun soll!"
Ich hatte das Gefühl und die große Angst, die Chemotherapie würde mich überall hin verfolgen, egal wo ich auch bin. Es gab kein Entrinnen, kein Verstecken oder Entfliehen. Wie ein großer schwarzer Schatten lag sie auf mir, ich fühlte mich erdrückt und eingeengt von der Schulmedizin und

fragte mich wieder verzweifelt: „Ist das wirklich der richtige Weg?"

Bald darauf kam das „Zeichen vom Himmel", um das ich so intensiv betete. Meine Schwester Marlis kam sehr aufgeregt zu mir und setzte sich neben mich auf das Wohnzimmersofa, auf dem ich meist lag.

Unter Tränen erzählte sie mir von ihrem Traum unserer verstorbenen Mama: „Regina, Mama war heute Nacht bei mir und bat mich, zu dir zu gehen und dir Folgendes auszurichten: Du bist noch nicht am Gipfel, du darfst noch nicht Rast machen! Pack´ deinen Rucksack mit Proviant, und ich werde dich zum Gipfel begleiten und dir beim Tragen helfen! Du musst die Therapie weitermachen, sonst wird dein Weg noch länger und beschwerlicher!"

Endlich bekam ich dieses Zeichen, noch dazu von meiner geliebten verstorbenen Mama. Endlich wusste ich, was zu tun war.

Mir fiel dazu die Geschichte aus der Bibel ein. Sie erzählt vom Propheten Eliah, der lebens- und gottesmüde wurde, in die Wüste ging und sich in den Schatten eines Strauches legte und sagte: „Herr, ich bin so müde. Ich mag nicht mehr weiter. Ich werde jetzt schlafen!" Als er einschlief, kam ein Engel zu ihm und teilte ihm mit: „Eliah, wach auf! Du musst weitergehen, sonst wird dein Weg zu lang! Komm, stärke dich, hier ist Brot und Wasser! Ich werde an deiner Seite gehen und dir helfen!"

Als der Prophet aufwachte, war frisch gebackenes Brot und ein Krug Wasser unter dem Strauch. Eliah konnte sich stärken und setzte seinen Weg durch die Wüste fort.

„Ich muss durch diese Wüste durch! Egal was kommt!"

Ich musste durch diese große Angst gehen, die mich fast zum Wahnsinn trieb. Durch dieses himmlische Zeichen hatte ich wieder etwas Mut gefasst. „Gott ist also doch bei mir, auch in meiner größten Not und Verzweiflung! Er begleitet mich also doch, obwohl ich mich ihm so ferne fühle. Gott mutet einem nur so viel zu, wie man tragen kann.
Er ist bei mir und hilft mir weiter!" Diese Erkenntnis hatte ich durch Mamas Botschaft aus der anderen Welt erhalten.
Also fuhr ich gemeinsam mit Marlis am 18. März 2013 zurück ins Klinikum, um meine erste Erhaltungstherapie zu starten.
Dr. Jutta Nagele war so lieb, telefonierte mit Dr. Isak und teilte ihr mit, dass ich mich entschlossen hätte, die Therapie nun doch fortzusetzen.
In der Früh bemerkte ich schon sehr besorgt, dass ich im Mund dunkle Fisteln hatte, und ich fühlte mich auch sonst körperlich gar nicht gut.
Mein Mann war nicht sehr erfreut, dass ich mich entschlossen hatte, wieder ins Klinikum zu gehen und verstand nicht,

dass ich Marlis Traum für meine Entscheidung verantwortlich machte. Ich erklärte ihm, dass es das Zeichen war, um das ich gebeten hatte. Traurig gingen wir auseinander, ich sah in seinen Augen eine so große Angst um mich. Er sah mich so traurig an, denn er war sich sicher, dass es der falsche Weg zur Heilung war. Aber Ari dachte dann wieder an Ilses Worte, sich nicht einzumischen. Es war sehr schwer für meinen Mann, diesen Weg mit mir zu gehen.
Nach der Blutabnahme auf der Station D der Onkologie stand bald fest: Ich hatte ein „massives Frührezidiv", was bedeutete: „Meine Leukämie war wieder da! Ich hatte es geahnt und auch gespürt!"

Dr. Isak war sehr besorgt um mich und auch erleichtert, dass ich zurückgekommen war. Sie machte mir überhaupt keine Vorwürfe.
An diesem Tag hatte ich im Klinikum zwei epileptische Krampfanfälle. Nach der „Neuen Medizin" ganz eindeutig mein Konflikt des „Nicht-Entfliehen-Könnens" einer Situation. Jetzt war er gelöst, mein Konflikt, denn ich war wieder im Krankenhaus und hatte mich endlich entschieden, weiterzumachen. Ich musste nun nicht mehr entfliehen können, denn ich hatte mich selbst dazu entscheiden können.
Ich musste mich ergeben. Danach musste ich mich sogleich auch übergeben.

Zweimal erbrach ich an jenem Tag. Plötzlich steigerte ich mich so hinein in diesen Zustand des Rezidives, dass ich glaubte, sterben zu müssen und ich flehte meine Schwester an: „Marlis, ich mag nicht im Krankenhaus alleine sterben!" So organisierte meine Schwester, dass jede Nacht ein Mitglied aus meiner Familie bei mir im Zimmer übernachtete. Einmal Marlis selbst, einmal mein Mann, mein Bruder, meine Schwester Christiane und auch meine beste Freundin Geli hielten bei mir Nachtwache. Fast eine ganze Woche hindurch bekam ich diese liebevolle Unterstützung von meinen Liebsten.

Danach fand es Frau Dr. Isak an der Zeit, diese Übernachtungen wieder einzustellen, da sich mein körperlicher Zustand dank der Erhaltungstherapie wieder stabilisierte.

Bald darauf eröffnete sie mir ganz deutlich: „Frau Allmann, ich muss Ihnen sagen, dass wir uns bei Ihnen getäuscht haben. Sie brauchen doch eine Transplantation. In Österreich sind sie der erste Fall seit zehn Jahren, der bei einer AML M3 eine Transplantation braucht.

Aber am massiven Frührezidiv erkennt man, wie aggressiv ihre Krebszellen sind. Wir brauchen unbedingt einen Knochenmarkspender für sie!" Diese neue Erkenntnis war wiederum ein regelrechter Schock für mich.

Damit hatte ich überhaupt nicht gerechnet. Ich wusste von Erfahrungen meiner Leidensgenossen im Klinikum, dass so eine Spendersuche nicht leicht ist. Mein Freund Martin, der

ebenfalls AML hatte, brauchte auch dringend eine Transplantation und suchte schon sehr lange vergebens den geeigneten Spender. Auch Elke, eine weitere Leukämiepatientin, die zur selben Zeit alles durchmachte, war auf Spendersuche und stand auf der weltweiten Warteliste.
Wer keinen Spender finden kann, wird meist mit Nabelschnurblut transplantiert. Diese Nachricht bedeutete für mich auch, dass ich nach Wien ins AKH musste, denn dort wird auch die Knochenmarktransplantation durchgeführt. Seit dem Tod meiner ersten Tochter, Anna, ist Wien für mich ein „rotes Tuch", denn ich verbrachte dort fast zwei Monate mit ihr im „St. Anna Kinderspital" und es war „die Hölle". Meine Angst, wieder dorthin zu müssen, stieg von Tag zu Tag. Ein wenig beruhigte mich der Gedanke, dass die Spendersuche noch eine ganze Weile dauern würde, und ich glaubte daran, dass es vielleicht dann doch anders kommen könnte. Insgeheim hoffte ich auf ein Wunder.

Wartezeit auf einen geeigneten Spender

Während dieser Zeit des Wartens auf einen passenden Spender bekam ich die sogenannten „Erhaltungs- bzw. Konsolidierungschemotherapien" mit dem Zellgift „Trisenox" und „Atra". Es waren insgesamt drei über einen Zeitraum von März 2013 bis 9. Juni 2013.
Diese Zeit raubte mir wieder den ganzen Appetit. Ich hatte bereits 20 kg abgenommen. Vom „Atra" wurde mir noch immer schlecht und ich hatte große Mühe, die Dosis der Tabletten mit zweimal vier Stück einzunehmen. Jedes Mal kam mir ein solch starkes Würgen, dass ich Sorge hatte, mich übergeben zu müssen. Schon am 3. Mai 2013 kam dann der Anruf vom AKH-Wien von Prof. Kahls, dass ein passender Spender für mich gefunden wurde. Es handelte sich um einen 28-jährigen deutschen Mann, dessen Blut mit meinem sehr gut kompatibel wäre.
„Mein Gott, bitte lass diesen Kelch an mir vorübergehen!"

„Warum muss ich diesen so schweren Weg der Transplantation in Wien gehen? Bei anderen Patienten hat die Chemo alleine auch meistens geholfen?
Oh mein Gott, warum tust du mir das an? Bitte lass diesen Kelch an mir vorübergehen!", betete ich im Stillen voller Angst.

Am 14. Mai 2013 lernte ich Prof. Kahls auf der KMT-Station im AKH-Wien kennen. Meine gute und fürsorgliche Schwester Marlis begleitete mich auch diesmal wieder bei diesem nächsten schweren Schritt.
Wir fuhren mit der Rettung vom Klinikum Klagenfurt nach Wien. Dieses Erstgespräch mit Prof. Kahls war alles andere als ermutigend für uns beide. Nachdem er sich alle meine Akten und die Krankengeschichte nochmals durchgeschaut hatte, legte er alles auf seinem Schreibtisch zur Seite und nahm seine Brille herunter. Bedächtig sprach er folgende Worte:"Liebe Frau Allmann, wenn ich mir ihre Vorgeschichte anschaue, mit Bedacht auf stattgehabter Hirnblutung, so vielen Chemo- und Erhaltungstherapien, vor allem das massive Frührezidiv mit zwei zerebralen epileptischen Anfällen… "Er machte eine längere Pause und verzog besorgt das Gesicht und fuhr dann fort mit den so entmutigenden Worten: „Es wird sicherlich ein Ritt über den Bodensee!
Aber wir werden die Transplantation machen, ich habe alles mit den zuständigen Fachärzten besprochen und alle sind sich einig. Aber Sie müssen unbedingt gut mitarbeiten und mithelfen, und es darf auch für Sie kein Problem sein, Medikamente zu schlucken, einen Blutaustausch machen zu lassen, weitere Chemos und Ganzkörperbestrahlungen zu ertragen und vieles mehr."
Dieser Satz ließ mich nicht mehr los: „Es wird ein Ritt über den Bodensee!"

„Über den Bodensee kann man nicht reiten, es ist unmöglich!", diese entmutigenden Gedanken quälten mich seit diesem Gespräch mit Prof. Kahls, dem Leiter der KMT-Station. Er klärte uns noch auf, welche Maßnahmen vor der Transplantation durchzuführen seien, nämlich: Zwei Ganzkörperbestrahlungen, die jedoch wegen der Hirnblutung mit geringerer Dosis gemacht werden, nämlich mit nur 4 Gray (=Einheit der Bestrahlungsdosis) anstatt üblicherweise mit 11 bis 12 Gray. Ganz zuerst müsste ein Blutaustausch durchgeführt werden, denn mein Spender hatte die Blutgruppe „0" und meine war „A positiv". Prof. Kahls erklärte uns, wie dieser Austausch von statten geht und dass es eigentlich keine „Hexerei" sei. In zirka zwei Stunden habe ich dann eine andere Blutgruppe, sodass ich die Knochenmarkspende mit Blutgruppe „0" erhalten kann. Wir besprachen noch weitere Voruntersuchungstermine und fixierten den Termin für die Aufnahme ins AKH. Bedrückt und ohne viel Hoffnung fuhren Marlis und ich wieder mit der Rettung nach Klagenfurt zurück. Dort bekam ich noch meine letzte Erhaltungstherapie. Anschließend wurden noch etliche Voruntersuchungen für Wien gemacht. Dazu gehörten etwa ein Zahnarztbesuch mit einem Röntgen, um zu sehen, ob eventuelle Eiterherde vorhanden wären, eine gynäkologische Untersuchung mit Krebsabstrich, eine Brustuntersuchung mit einer Mammographie, eine genaue Hals-Nasen-Ohrenuntersuchung, eine Augenuntersuchung und noch eine allgemeine Grunduntersuchung auf den Allgemeinzustand. So war ich noch ziemlich eingeteilt und gestresst, indem ich diese Ärzte aufzusuchen, zu warten und die recht positiven Ergebnisse abzuwarten hatte. Als alle diese Vorbereitungen für die Transplantation in Wien beendet waren, wurde ich aus dem Klinikum entlassen.

„Heimaturlaub" vor der Transplantation im AKH

Die letzten drei Wochen vor der Transplantation daheim waren für mich rückblickend gesehen eigentlich die psychisch schlimmsten und bedrückendsten meines Lebens. Ich hatte so große Angst vor der bevorstehenden Zeit im AKH und war sehr nervös, was mich erwarten würde.
Im Juni 2013 hatte ich ein zweites Gespräch mit Prof. Kahls. Mein Mann fuhr mit mir nach Wien. Nach einigen Umwegen und Zeitverzögerungen durch das Abzweigen bei einer falschen Ausfahrt, kamen wir erst sehr spät in der KMT-Station bei Prof. Kahls an. Er erklärte meinem sehr skeptischen Mann nochmals, wie dringend notwendig eine Transplantation in meinem Falle wäre, aber dass es sicherlich keine leichte Sache wäre. Mein Mann fragte nach der Heilungschance in Prozenten ausgedrückt. Er meinte: „Ihre Frau hat eine Chance von 50 %. Ihr Alter und ihre sehr gute körperliche Verfassung aufgrund ihres guten Allgemeinzustandes sprechen für sich. Wir sollten die Chance nützen!"

Er rief danach auf der KMT-Station im 21. Stock an und teilte mit, dass wir noch kommen würden, um die Station und das Zimmer anzuschauen. Das machten wir auch. Eine Stationsschwester zeigte uns alles und klärte unsere Fragen. Der tolle Ausblick über ganz Wien beeindruckte uns nicht.
Sehr besorgt fuhren wir am Nachmittag wieder von Wien nach Hause. Jeden Tag dachte ich daran, was ich noch alles durchstehen musste:
Wusste ich doch vom bevorstehenden Blutaustausch, zwei Ganzkörperbestrahlungen, die mir große Angst machten, zwei weiteren hoch dosierten Chemotherapien, Medikamenten „en masse", Lungenröntgen, CTs, täglichen Blutabnahmen und laufenden Kontrollen meiner Herz-Kreislauffunktionen und vom Isolierzimmer im 21. Stock des „Roten Bettenhauses". Und das alles angehängt wie ein Hund an einer sieben Meter langen Infusionsleine, die niemals auf den Boden fallen durfte, der Keime wegen! Es war ein „Horror", wenn ich nur daran dachte! Meine Zukunft im AKH hing wie ein Damoklesschwert über mir.
Ich fühlte mich plötzlich Christus vor seiner Kreuzigung so nah und betete wieder still: „Bitte, guter Gott, lass diesen Kelch an mir vorüber gehen! Aber nicht mein, sondern Dein Wille geschehe!"
Die letzten Tage daheim waren für mich ein äußerst quälender Abschied.

Ich konnte nichts mehr genießen, denn der Tag der Aufnahme ins AKH rückte unbarmherzig und gnadenlos näher. Trotz meiner starken Depression merkte ich immer deutlicher, dass ich dennoch an meinem Leben hing, an meiner Familie, meiner Großfamilie, meinem schönen Heim, meinem Garten, meinen Nachbarn und Freunden, meinem schönen Land, in dem ich leben durfte.

Das Eigenartige daran war, dass ich nicht an eine erfolgreiche Transplantation glauben konnte. Ich war so mutlos und verzweifelt, dass ich in diesen letzten Wochen daheim für mich im Stillen gedanklich schon Abschied nahm von meinem Leben und von meinen Lieben.

Ich sprach auch mit meiner Familie sehr offen darüber, dass es möglich sein kann, dass ich es nicht schaffe. Wir hatten eine ehrliche und offene Basis. Aber meine Kinder hatten vollstes Vertrauen, dass alles gut gehen wird.

Mein Mann war, glaub ich jedenfalls, eher der Zweifler. Meine jüngste Tochter Maria gab mir am 9. Juni 2013 einen sehr berührenden Brief mit ins AKH, den ich von da an jeden Tag bei mir hatte. Ich musste ihn immer wieder lesen, da er mir große Hoffnung, Kraft und Zuversicht schenkte.

Mit dem Einverständnis meiner Maria möchte ich euch diesen Brief lesen lassen:

Marias Kraftbrief

Meine liebe Mama!
Zuerst möchte ich dir für alles danken! Du hast mir so unglaublich viel gegeben und unvorstellbar viel beigebracht! Du hast mir so oft viel Mut gemacht und mir immer wieder Kraft gegeben. Ich bin so froh, dass meine Seele dich ausgesucht hat, meine Mutter zu sein. Ich weiß, dass ich auf meinem richtigen Weg bin und genau richtig am Platz, wo ich jetzt bin.
Ich werde meine Träume verwirklichen und das tun, was ich möchte.
Ich habe so viel Kraft und ich weiß, dass ich immer wieder aufstehen kann, wenn mich etwas niederschlägt! Und ich möchte, dass du dir um mich keine Sorgen machst! Alles, was ich erlebe, bringt mich weiter auf meinem Weg, meinem wunderbaren Lebensweg. Ich weiß auch, dass wir uns in einem anderen Leben wiedersehen und spüre, dass nichts uns trennen kann!
Nicht Zeit, nicht Raum, nicht Welten! Ich bin immer bei dir und in deinem Herzen! Denn du bist der Mensch, der mich mein ganzes Leben lang kennt, prägt und liebt! Danke! Du bist der Mensch, dem ich am meisten vertraue!
Ich habe keine Angst, denn Papa, Paul, Hemma und ich können alles alleine schaffen! Wir halten zusammen, und ich weiß, dass sie für mich da sind,

und du bist IMMER bei uns und wir IMMER bei dir!
Übe dich in Gleichmut und segne alles, was du bekommst! Ich möchte, dass du dir diesen Brief immer dann durchliest, wenn du dich alleine und kraftlos fühlst, damit du unsere Liebe, unsere Wärme, unsere Herzen spürst! Und unsere unendlich starke Kraft! Wir und deine ganze Familie und all deine Freunde sind immer bei dir. Vielleicht nicht im selben Raum, nicht im selben Haus oder nicht im selben Land. Doch das ist überhaupt nicht wichtig und spielt gar keine Rolle, denn wir sind in deinen Gedanken und vor allem in deinem Herzen!
Wir tragen dich durch diese schwere Zeit, egal was auch kommt!
Wir stützen dich mit unseren lieben Gedanken, Gebeten und positiven Energien, und Gott mit all seinen himmlischen und irdischen Engel sind bei dir!
Ich liebe dich von ganzem Herzen, alles wird gut, hab nur Vertrauen!
In Liebe, Maria! „

Ich bin Gott so unendlich dankbar, dass er mir solch große und reife Seelen in meinen Kindern anvertraut hat. Dafür lohnt es sich zu leben und auch die tiefste und schwärzeste Depression, die mich in den Tod ziehen möchte, zu überwinden, um dann neu und gesund wiedergeboren zu werden!

Der Tag der Übersiedelung nach Wien rückte immer näher. Es gab kein Entrinnen.

Ich wollte meinen Koffer gar nicht packen, denn ich dachte insgeheim: „Eigentlich brauche ich nichts mehr, vielleicht ein paar Toilette-Artikel für die nächste Zeit, aber sonst. Gewand, Schuhe, Bücher? Wozu? Ich komm wahrscheinlich nicht mehr nach Hause." Solch schlimme Gedanken begleiteten mich, als ich Anfang Juni mit meiner Schwester Marlis mit der Rettung ins AKH zur Transplantation fuhr. Mein Mann hatte Schule, und mir war recht, dass er bei den Kindern blieb und sich um alles kümmerte. Die vorletzte schwere Etappe meiner langen Krankheit begann.

Knochenmarktransplantation im AKH Wien

Meine Schwester Marlis war mir in dieser schweren Zeit eine besonders große Stütze, und deshalb war ich sehr froh, dass sie mit mir mit nach Wien fuhr.
Beim Wegfahren mit der Rettung hatte ich geweint, noch einmal zu meinem Haus zurückgeschaut und geschluchzt: „Ich spüre, dass ich nie mehr heimkomme!" Und so ließ ich Familie, Haus und Garten hinter mir. „So muss sich Jesus gefühlt haben, als er mit seinem Kreuz auf den Berg Golgotha gehen musste."
Das sichere Gefühl und Wissen, dass das Ende des Lebens vor einem liegt, gedrückt durch meine sehr schwere Depression, ohne Freude, ohne Hoffnung und Zuversicht, brachte mich an meine äußerste Grenze.
Ich hatte keine tiefe Beziehung mehr zu Gott, er war mir so entrückt oder ich ihm?
„So viele Menschen beten für mich, aber warum kann ich nicht mehr beten? Ich bin zornig und enttäuscht von Dir, Gott! Bist du wirklich ein guter und gerechter Gott?", fragte ich mich oft.
Es war eine traurige Fahrt, wir redeten nicht viel. Nach gut vier Stunden Fahrzeit kamen wir im AKH an. Bei seinem Anblick, den zwei hohen Bettentürmen, rot und grün, schnürte es mir wieder die Kehle zusammen und in meinem Brustraum wurde es enger und enger. Neben dem AKH erblickte

ich das St. Anna Kinderspital und erinnerte mich wieder an diese schwere Zeit mit meiner ältesten Tochter Anna. Schreckliche Erinnerungen blitzten durch meinen Kopf. Bilder, die ich schon längst glaubte verdrängt zu haben, tauchten in diesem Moment der Ankunft wieder auf.

„Und jetzt bist du selber dran, um noch so einen schweren Weg zu gehen! Ich hätte nie im Traum gedacht, hier nochmals herkommen zu müssen.
Gibt es irgendeine Abkürzung oder einen anderen Ausweg? Mir selbst das Leben zu nehmen, wäre einer, doch jetzt ist es dafür zu spät. Das hätte ich daheim tun müssen mit einer Überdosis meiner „Temesta". Aber ich kann dies meinen Liebsten nicht antun, sie alleine zu lassen, "dachte ich damals.
Marlis und ich fuhren mit dem Lift in den 21. Stock des grünen Bettenhauses in die KMT-Station. Dort wurde mir ein schönes, freundliches und helles Einzelzimmer mit Ausblick über ganz Wien zugeteilt.
Meine Schwester war ganz fasziniert von diesem Rundumblick auf alles, was Wien zu bieten hatte. Sie erblickte den Stephansdom, die Jesuitenkirche, das Rathaus, den Pyramidenturm, das Riesenrad und noch viele andere berühmte Gebäude und konnte sich gar nicht satt sehen.
Eine sehr nette Stationsschwester erklärte mir noch alle Vorschriften der Station, u.a. die Hygienemaßnahmen,

wie ständige Desinfektion seitens der Ärzte und Besucher, Mundschutz- und Schutzhaubenpflicht für die Besucher und Ärzte, blaue Plastikschuhe und blaue Überkleider.
Marlis half mir beim Auspacken meines Koffers. Alles war schnell verstaut, denn ich hatte nicht viele Sachen mit. Bücher hatte ich mir dann doch noch einige zusammengesucht, denn ich wusste, dass ein Tag im Krankenhaus recht lang werden konnte.
Die Stationsschwestern und Pfleger, Physiotherapeuten, Psychologen und Psychiater, die Ärzte und Ärztinnen und auch das Reinigungspersonal waren alle besonders freundlich und sehr einfühlsam. Ich war wirklich gut aufgehoben dort im 21. Stock der KMT-Intensivstation des AKH.
Gleich zu Beginn meines Aufenthaltes wurden meine erst sehr spärlich nachgewachsenen Haare wiederum zu einer Vollglatze geschoren, was mich wieder ziemlich bedrückte, obwohl ich doch wusste, dass es passieren würde.
Aber ich band mir im AKH nicht einmal mehr ein Tuch um den Kopf, wenn jemand in mein Zimmer kam. So egal und unwichtig war mir meine äußere Erscheinung geworden. Ich hatte mich einfach schon mit meiner Glatze abgefunden. Außerdem war es unangenehm, mit dem umgebundenen Tuch am Polster zu liegen. Immer drückte etwas am Kopf, dann wieder das Tuch gerade richten, es wurde mir bald zu lästig, und so ließ ich es sein.
Am zweiten Tag wurde mit zwei Ganzkörperbestrahlungen

begonnen, wobei die radioaktive Strahlung alle sich rasch teilenden Zellen vernichtet, die entarteten Krebszellen und die gesunden gleichermaßen.
Ich musste mich bis auf die Unterhose nackt ausziehen, in einer Kabine warten und wurde schließlich aufgerufen. Man erklärte mir die Vorgehensweise und Verhaltensregeln während der Bestrahlung, wobei mir immer mulmiger zu Mute wurde.
Als ich den Bestrahlungsraum betrat und mich umsah, hatte ich den Eindruck, ich befände mich in einer Gaskammer, die wir in der Schule einmal in Mauthausen anschauten. Alles war weiß verfliest und steril und kalt ausgestattet. In der Mitte des Raumes stand eine riesige Maschine, oberhalb eine Art Kamera, darunter ein Metallschlitten auf Schienen mit einer altmodischen, einfachen Stoffliege darauf. Ich kam mir vor wie in einer Folterkammer.
Ich musste mich auf diese Liege hinlegen, wurde angegurtet und angewiesen, einfach still zu liegen und ruhig abzuwarten, bis der Schlitten zurück auf der Ausgangsposition war. Ich fuhr daraufhin mit diesem Metallschlitten langsam unter der „Strahlungsmaschine" hindurch, hin und zurück, den Weg zweimal.
Es dauerte keine zehn Minuten und ich spürte eigentlich gar nichts.
Nur kalt hatte ich unter der grünen schweren Schutzmatte, mit der ich wie ein nacktes Stück Fleisch zugedeckt war.

Während meiner Ganzkörperbestrahlung betete ich endlich wieder einmal und flehte: „Bitte, lieber Gott, beschütze meine gesunden Zellen und hilf mir, durch diese Hölle zu gehen!"
Eine Bestrahlung hatte ich am Vormittag, eine am Nachmittag. Abends fühlte ich mich ziemlich müde und erschöpft, hatte aber Gott sei Dank keine Hautrötungen, wie es bei anderen Patienten vorkam. „So fühlt man sich also, wenn man radioaktiv verseucht ist!", jetzt hatte ich auch diese Erfahrung in meinem Leben gemacht.
An diesem Abend konnte ich lange nicht einschlafen. Ich blickte über den hell erleuchteten Nachthimmel über ganz Wien, welcher schon sehr beeindruckend war, muss ich gestehen, und es gingen mir so viele Fragen durch den Kopf: „Werde ich meine Familie je wiedersehen? Werde ich je wieder unterrichten können? Werde ich je wieder ohne Schlaftabletten einschlafen können?
Überhaupt ohne Medikamente leben können? Wie lange dauert diese so langwierige Leukämie noch?" Jeder Tag im AKH kam mir wieder wie eine Ewigkeit vor.
Das Essen im AKH war „ein Fraß!" Aber was kann man schon erwarten von einer Großküche, die für mehrere Tausend Patienten Essen zubereiten muss? Doch nicht nur der Geschmack, auch die Essensqualität ließ sehr zu wünschen übrig. Meist waren die Speisen nur mehr lauwarm. Durch die vielen Chemotherapien war mein Geschmackssinn

schon fast nicht mehr vorhanden, doch das AKH-Essen war alles andere als gut und gesund. Es schmeckte nach gar nichts, das Fleisch war zäh und kalt, die Saucen waren zu dick und fad, Gemüse, Nudeln und Reis oder Kartoffeln ebenfalls zerkocht und schlecht abgeschmeckt.

Gott sei Dank hatte ich ganz liebe Freunde und Verwandte, die sich um eine gesunde, liebevoll zubereitete und geschmackvolle Zusatzernährung von außen rührend kümmerten.

Diese „Gaumenverwöhnung" durch meine Familie und Freunde waren immer das Highlight des Tages für mich. Jeden Tag, an dem ich wusste, dass ich wieder versorgt wurde, war ich schon sehr neugierig: „Was wird mir heute wohl wieder Köstliches mitgebracht werden?" Ich war so dankbar dafür.

Pikante Salate, Aufstriche, Gemüse, Tomaten mit Mozarella und frischem Basilikum und kalt gepresstem Olivenöl, Suppen, Eintopfgerichte und Putengeschnetzeltes mit bissfestem Wokgemüse standen auf meinem Wunschmenüplan. Mein Gaumen und mein Magen konnten sich kurz freuen, und ich konnte aufatmen und Lust am Essen in geringer Dosis verspüren. Meine nächste Hürde, die es zu schaffen galt, war am nächsten Tag nach der Ganzkörperbestrahlung mein Blutaustausch.

Mein Blutaustausch von A positiv auf Blutgruppe O

Da mein deutscher Spender die Blutgruppe O hat, musste auch mein Blut darauf umgestellt werden. Dass dies so „leicht" und unproblematisch geht und auch von meinem Körper so gut angenommen wurde, ist mir noch bis heute ein großes Rätsel und gleicht eigentlich einem riesigen medizinischen Wunder.
Dazu wurde über meinen Portakath ein Großteil meines Blutes gegen sieben Packungen Spenderblutes der Gruppe O innerhalb von zirka zwei Stunden einfach ausgetauscht, wobei alles über eine „Blutwaschmaschine", wie ich sie scherzhaft nannte, floss. Dieses Spenderblut der Blutgruppe O war aber nicht von meinem deutschen Spender, sondern Blut aus der Blutreservebank Österreichs.
Nach drei Stunden hatte ich also eine neue Blutgruppe. Fast mein ganzes Blut wurde umgestellt, den Rest erledigte mein Körper dann von selber, erklärte mir eine Ärztin, die den Blutaustausch sehr genau überwachte.
Sie war sozusagen meine „Blutaustauschpolizistin". Ich war heilfroh, auch diese Hürde so gut bestanden und auch körperlich gut vertragen zu haben.
Am darauffolgenden Tag ging es dann aber in meinem Isolierzimmer der KMT-Station „ans Eingemachte". Über das Wochenende standen die letzten zwei hochdosierten Chemotherapien am Plan.

Zu dieser Zeit hatte ich wieder einmal sehr große Verdauungsprobleme.

Ich bat den lieben, freundlichen Turnusarzt, der mich an einen treuen Hund erinnerte und mein Lieblingsarzt im AKH war, mir ein Abführmittel zu geben. Mein Völlegefühl in meinem dick aufgeblähten Bauch plagte mich, und ich hatte schwere Verstopfung. Er jedoch meinte: „Frau Allmann, heute geht die Chemotherapie los. Sie werden danach sicherlich starken Durchfall bekommen, ich glaube, das Abführmittel sparen wir uns." Es gab kein Widersprechen, ich musste ihm vertrauen.

Diese letzten zwei Chemos übertrafen alle vorhergehenden in ihrer Intensität.

Nach zwei Tagen Pause wurde gleich die zweite angehängt, und es erging mir ganz fürchterlich. In der Nacht wurde mir so übel, dass ich mich etliche Male übergeben musste, was ich von den bisherigen Chemos gar nicht kannte.

Das nächste große Problem war, wie es mein lieber Turnusarzt prophezeit hatte, ein heftiger, nicht enden wollender Durchfall. Einige Nächte wurde ein Leibstuhl in mein Zimmer gestellt. So brauchte ich nur vom Bett aus heraus ein paar Schritte tun, um mich zu entleeren bzw. zu übergeben.

So ging es regelmäßig die ganze Nacht lang. Oft wusste ich nicht, was dringender wäre, das Erbrechen oder den Durchfall loszuwerden.

Die Nachtschwester, die mich betreute, hielt ich ganz schön auf Trab mit dem Entleeren und Saubermachen.
Auch mein Nachthemd, meine weiß-geblümte „Tracht" musste öfters gewechselt werden, weil ich alles durchschwitzte, sogar die Bettwäsche war nass.
„Gott sei Dank, mein Körper reagiert richtig, er scheidet alles aus, was schlecht für ihn ist und entgiftet sich selber!"
Diese Gedanken trösteten mich und ich wusste, ich konnte mich auf meinen Körper verlassen. Er war stark und reagierte gut!
Die nächsten Tage war mir so übel, wie ich es noch nie gekannt hatte.
Auch die Infusionen gegen die Übelkeit nützten diesmal nichts. Mein Köper war äußerst geschwächt und stark gefordert. Zu dieser Zeit war gerade meine liebste Tante, die Christl, einige Tage bei mir, um diese Qual mit mir gemeinsam zu tragen. Sie konnte bei ihrer Tante in Wien wohnen und mir auch immer gute kleine Happen für meinen Gaumen mitbringen. Doch ich konnte einfach nichts zu mir nehmen. Diese Woche nach den letzten zwei Chemos war für mich körperlich die belastendsten, ausgenommen der drei Wochen auf der Intensivstation, gleich zu Beginn meiner AML. Ich fühlte mich so elend, mir war immer schlecht, mir graute wiederum vorm Essen und Trinken und ich hatte sehr großen Flüssigkeitsverlust durch oftmaliges Erbrechen und starken Durchfall über eine Woche lang.

Während dieser kräfteraubenden Zeit wurde mein Körper zirka eine Woche lang künstlich ernährt. Wieder musste ich zusehen, wie eine milchig dickliche Flüssigkeit über meinen Venenzugang direkt in meinen Blutkreislauf floss.
Eine ganz liebe und empathische Hilfsschwester aus dem ehemaligen Jugoslawien bemühte sich im AKH sehr rührend um mich. Sie machte sich große Mühe, um mir aus getrockneten Schwarzbeeren mehrmals am Tag einen Tee gegen meinen Durchfall zu bringen. Ich kenne dieses alte Hausmittel noch von meiner Uroma. Man muss die getrockneten Schwarzbeeren kalt ansetzen, über Nacht stehen lassen und dann kurze Zeit aufkochen lassen, abseihen und lauwarm oder kalt trinken. Dass sich mein „blonder Engel" so um meine Genesung bemühte, darum bin ich ihr heute noch sehr dankbar. Gott schickte mir immer wieder solche lieben irdischen Engel.
Nach ungefähr vier weiteren Tagen hörte der Durchfall tatsächlich auf und ich konnte erleichtert feststellen, wie gut und stark mein Körper alles in Ordnung bringen konnte.
Zu meiner körperlichen und psychischen Entspannung bekam ich immer wieder ganz gute Fußmassagen von meinen lieben Besuchern aus der Familie und dem Freundeskreis. Sie durften nicht gehen, ohne mir eine Massage gemacht zu haben. Es verging fast kein Tag, an dem ich in Wien ganz alleine war.
Alle waren sehr besorgt und kümmerten sich jeder auf seine

eigene fürsorgliche Art und Weise. Besonders engagierte sich Almut, eine ganz liebe Bekannte und Freundin aus Spittal, die nun in Wien lebt und arbeitet.

Täglich kam sie mich nach ihrer Arbeit oder manchmal sogar in ihrer kurzen Mittagspause besuchen. Sie verwöhnte mich mit kulinarischen Köstlichkeiten aus der eigenen Küche oder mit Süßem von der Vollkornbäckerei „Gradwohl".

Das Wichtigste für mich aber waren die guten positiven Gespräche mit ihr, ihr achtsames Zuhören und ihre sehr gekonnten Fußreflexzonenmassagen.

Täglichen Besuch bekam ich auch von Phillip, dem Psychologen der KMT-Station. Er war ein ruhiger, sehr sympathischer und empathischer Mensch, der mich auch einfach einmal nur weinen ließ. Meinen Frust und Ärger über meinen „Höllentrip" konnte ich bei ihm abladen. Wir schimpften beide über die miese Verpflegung oder er erzählte mir von sich und seinem Leben, wenn ich einmal nur still und traurig sein wollte.

Er akzeptierte meine Art und mein Sein und nahm mich ganz an mit meiner schweren Depression. Bei ihm hatte ich während unserer Gespräche nie das Gefühl, dass ich ihn schützen müsste, wenn ich ihm anvertraute, wie ich mich fühlte. Wenn jemand aus meiner eigenen Familie zu Besuch war, traute ich mich nicht recht von meiner tiefen Depression zu erzählen, um sie zu schützen.

Dr. Arnold Mettnitzer, ein guter Freund und Bekannter aus

meiner Jugendzeit in Spittal kam mich als Psychotherapeut und Seelsorger auch einige Male besuchen. Sehr liebevoll und hilfreich nahm er sich meiner an, machte mir Mut und sprach auch über den Tod mit mir. Meine größte Sorge war nicht die Angst vor dem Tod, sondern der Schmerz der Trennung von meinen Liebsten.
„Glaubst du, dass dieser Trennungsschmerz auch nach dem Sterben noch da ist?", dies war meine dringendste Frage an ihn als Theologen.
„Ja, ich glaube schon, aber was bleibt ist die Liebe, die endet nie!", war seine kluge Antwort.
Arnold brachte mir auch kleine Geschenke mit, wie z. B. einen großen Holzwürfel mit nur Sechsern darauf. Beim Überreichen meinte er schmunzelnd: „Das soll dein zukünftiger Glückswürfel sein. Dein Leben soll dir nur mehr Glück bringen. Alles wird gut werden, du musst nur vertrauen und glauben!" So half mir dieser so begnadete Psychotherapeut und Theologe sehr in dieser schweren Zeit in Wien.

Sehr großen Wert wurde im AKH auch auf die körperliche Kräftigung gelegt. Täglich kam ein Physiotherapeut zu mir, um mit mir zu turnen.
Kräftigungsübungen mit den Terrabändern, Übungen am großen Gymnastikball, Haltungs- und Bewegungsschulung, Gleichgewichtsübungen, sowie Merkfähigkeit und Gedächtnis wurden fachmännisch geschult.

Manches Mal kostete es mich Überwindung, aktiv und überzeugt mitzuarbeiten, aber danach war ich immer froh, wieder körperlich etwas getan zu haben. Meine Muskeln wurden nämlich durch das lange Liegen sehr schlaff und schwach, und mein Rücken schmerzte auch schon ziemlich. Vor der Transplantation musste ich jetzt öfters Lungenröntgen machen lassen. Auch ein spezielles Atemtraining mit einer Sauerstoffmaske war auf meinem täglichen Programm. Diese Atemschulung sollte verhindern, dass eine Lungenentzündung entsteht und helfen, die Lunge wieder zu fordern. Dieses tägliche Atemtraining war mir besonders wichtig, denn ich wusste aus persönlicher Erfahrung in der Intensivstation Klagenfurt, wie schnell man eine Lungenentzündung bekommt. Die wollte ich nicht mehr riskieren. So rief ich pünktlich zur vereinbarten Zeit selber nach der Schwester und forderte: „Bitte, es ist Zeit für meine Atemgymnastik, ich bitte um die Maske!"
Dreimal täglich machte ich dieses Training.
Bei einer Visite wurde ich einmal besonders gelobt vom Vorstand der Station, Prof. Rabbitsch, der betonte: „Frau Allmann, ich muss ihnen sagen, sie sind unsere bravste Patientin!
Viele wehren sich und wollen die Maske nicht nehmen und haben alle möglichen Ausreden. Doch sie rufen selber danach. Ich muss sie wirklich loben für ihre aktive Mitarbeit!"
Dieses Lob hörte ich gerne.

Die Tage im AKH vergingen trotz großer Mühe und psychischer und körperlicher Plagen und Erschöpfung in allen Bereichen. Mein Körper und meine Psyche machten so unvorstellbare Grenzerfahrungen, wie ich es bis heute kaum glauben kann.

KMT - Knochenmarktransplantation bzw. Blutstammzellentransplantation

Was versteht man darunter?
Bei einer Knochenmarktransplantation werden Blutstammzellen von einem Spender auf einen Empfänger übertragen. Das Knochenmark produziert Blutplättchen, weiße und rote Blutzellen. Die Stammzellen des Blutes (Blutstammzellen) sitzen beim erwachsenen Menschen vor allem im Knochenmark. Sie besitzen außerordentliche Fähigkeiten. Aus einer Stammzelle können sich sämtliche Arten von Blutzellen entwickeln. Stammzellen lassen sich gut isolieren und durch Einfrieren konservieren. Wieder aufgetaute Stammzellen finden nach einer Infusion in den Blutkreislauf von selbst ihren Weg in das Knochenmark. Dort „wachsen sie an" und können beim Mensch nach gewisser Zeit das gesamte System sämtlicher Blutzellen ersetzen.
Lange Zeit konnte man die Stammzellen nur durch eine Knochenmarktransplantation gewinnen, daher auch der Name „Knochenmarktransplantation".
Seit den 1980er Jahren ist auch eine Gewinnung von Blutstammzellen aus dem Blutkreislauf möglich. Die aus dem Blut gewonnenen Stammzellen wachsen in der Regel schneller im Knochenmark an. Eine neue Möglichkeit ist die Gewinnung von Stammzellen aus Nabelschnurblut.

Die Blutstammzellen können unmittelbar nach der Geburt eines Kindes aus dem Nabelschnurblut gewonnen und konserviert werden.

Der große Tag der Transplantation rückte immer näher!

Die letzten Hürden waren geschafft, so wie ich. Ich fühlte mich richtig ausgebrannt und ausgezehrt. Ich war innerlich verbrannt, verstrahlt, alles war auf „O" gestellt. Ich wartete auf meinen sogenannten „RESET", den Tag meiner Transplantation.
Am 26. Juni 2013 war es dann endlich soweit! Mein betreuender Arzt teilte mir mit, dass das Spenderblut mit dem Flugzeug von Deutschland nach Wien gebracht wird. Mein Spender hatte am Tag zuvor, also am 25. Juni in einem deutschen Krankenhaus die Blutabnahme.
Es ist dies eine ganz normale Blutabnahme. Dann werden mit Hilfe eines komplizierten medizinischen Verfahrens aus dem Spenderblut die Blutstammzellen herausgefiltert, vakuumverpackt und sofort gekühlt. Anschließend wird es gleich am nächsten Tag in einer Kühlbox zum Empfängerort gebracht.
An diesem Tag war ich sehr angespannt und aufgeregt, denn ich wusste nicht, was mich erwarten würde. Ich machte mir Sorgen, wie mein Körper darauf reagieren würde.

Das Blut sollte so gegen fünf Uhr nachmittags geliefert werden, doch es kam erst um 21.30 Uhr, da es am Flughafen unvorhersehbare Verspätungen gab.
Um 21.45 Uhr war es dann so weit! Der große Augenblick der Stammzellentransplantation war gekommen.
Eine Fachärztin und eine der diensthabenden Schwestern blieben während der Infusion immer bei mir, falls es zu irgendwelchen Komplikationen kommen würde: so wollte es die Vorschrift.
Eigentlich hatte ich mir diese Zeit des „Empfangs meines neuen Blutes" als eine stille, meditative und verinnerlichte Zeit gewünscht. Eine Zeit, in der ich beten wollte, um mich auch geistig voll konzentriert darauf einzulassen.
Doch da hatte ich mich getäuscht. Krankenschwester und Ärztin plauderten pausenlos und laut, eine rechts, eine links neben meinem Bett, während sie die Infusion und die Geräte zur Blutdruck- und Pulsüberwachung im Auge behielten. Sie machten gewöhnlichen „Smalltalk" und kicherten unangenehm. So nahm ich allen Mut zusammen und bat beide, bitte leise zu sein, denn für mich wäre dies ein sehr großer Moment. Ich ließ sie wissen, dass ich mich durch inneres Gebet auf die positive Annahme des Spenderblutes einstellen wollte. Etwas verlegen entschuldigten sich beide und flüsterten dann, ins weitere Gespräch vertieft.
Meine geistige Visualisierung während der Transplantation:

Ich stellte mir ganz bildlich vor, wie dieses Spenderblut ganz rein und rot glänzend in jede Zelle meines Körpers floss. Dann dachte ich auch daran, dass es sich in meinem leeren Knochenmark frisch und gesund wieder ansiedelte und Fuß fasste. Dazu bestellte ich aus dem göttlichen Universum hell-gleisendes silbernes Christuslicht, das durch mein Kronenchakra in alle Chakren und in jede gesunde Zelle meines Körpers gelangt und alles wieder heilt.

Transplantation gut hinter mich gebracht

Nach nur einer guten Stunde war die Knochenmarktransplantation abgeschlossen und nun waren alle gespannt, wie mein Körper das Spenderblut annehmen würde. Bei jeder täglichen Visite wurde am ganzen Körper nach möglichen Hautrötungen und Ausschlägen oder anderen ungewöhnlichen Merkmalen genauestens gesucht.
Außer einigen roten Flecken auf Unterleib, Bauch und Armen hatte ich keine Abstoßungsreaktionen. Alle Ärzte waren sehr zufrieden mit meinen Werten.
Natürlich war auch ich heilfroh, dass ich so positiv reagierte, doch auf meine Depression wirkte sich diese erfolgreiche Transplantation leider gar nicht positiv aus. So „biss" ich mich einfach Tag um Tag weiter. Ich war oft so verzweifelt, wenn ich an meine Zukunft in Familie und Beruf dachte.
Und immer wieder meine gleichen Fragen während meiner

Depression: „Wo ist meine Lebensfreude geblieben? Mein Gott, warum lässt du mich so in meiner Traurigkeit, wo doch jetzt die Transplantation so gut gegangen ist, vor der ich mich so gefürchtet habe? Wo bist du, Herr? Hörst du mich überhaupt?"

Nach guten fünf Wochen hatten sich auch meine Blutwerte wieder so erholt, dass ich nach Hause entlassen werden konnte. Fünf Wochen für eine Knochenmarktransplantation ist eine sehr kurze Zeit, erklärten mir die Ärzte.

Man verschrieb mir wiederum haufenweise Medikamente, u.a. sogenannte „Immunsuppressiva", welche eine Abstoßungsreaktion verhindern sollten.

Zusätzlich bekam ich Cortison und noch andere pharmazeutische „Hammer".

Nur mit großer innerer Überwindung schaffte ich diese wochen- bzw. monatelange Einnahme dieser übergroßen Pillen, die ich fast nicht schlucken konnte. Wieder kam ich auf fast 20 Tabletten pro Tag.

Dass natürlich Appetitmangel und Durstresistenz die Folgen waren, ist fast logisch.

Diese Immunsuppressiva, die ich lange nehmen musste, sind sehr teure Medikamente. Eine Apothekerin erklärte mir, dass die mir verschriebene Dosis an Immunsuppressiva einige Tausend Euro kosten würde.

Ich musste auch oft daran denken, wie hoch die Kosten meiner gesamten AML-Therapie gewesen wären, wenn

ich alles selbst bezahlen hätte müssen.
Mir wurde wieder bewusst, wie dankbar ich sein konnte, in einem so guten Sozialstaat wie Österreich leben zu dürfen. In Amerika hätten wir uns hoch verschuldet.

Meine Schwester Marlis und mein Vater schlugen mir vor, die erste Zeit nach der Transplantation erst einmal in der Wohnung meines Vaters in Spittal zu bleiben. Ich hätte dann einen abgeschlossenen Bereich für mich alleine. Marlis machte alles so steril wie nur möglich und legte sehr großen Wert auf Desinfektion, auch im Umgang mit Menschen, die mich besuchen wollten.
So konnte ich mich von Marlis verwöhnen und gut versorgen lassen, und sie sorgte auch sehr für eine gut gereinigte Umgebung. Zu Hause bei mir hätte ich wieder gleich viel Arbeit gesehen. Es wäre mir sicher schwer gefallen, nicht allzu viel zu tun, weder im Haus noch im Garten. Ich durfte auch nicht in der Erde arbeiten.
Von ärztlicher Seite wurde ich informiert, wie wichtig in den ersten Monaten nach der Transplantation gute Desinfektion und Hygienemaßnahmen seien. Auch Besucher sollten unbedingt angehalten werden, ihre Hände gründlich zu desinfizieren, sogar Mundschutz für die Besucher wurde empfohlen. Ich selber sollte auch einen Mundschutz tragen, sobald ich mich von zu Hause weg unter Menschen begab.

Alles Rohe sollte beim Essen gemieden werden, alles musste keimfrei sein.
Doch in diesem Sommer 2013 gab es im Garten meiner Schwester schon herrlichen Salat, Radieschen, Gurken, Tomaten, Spargel, Kohlrabi, Fisolen und noch vieles mehr. Mein Verlangen danach war ungeheuerlich groß.
Mein Körper war so lange Zeit unterversorgt an Vitaminen, Mineral- und Ballaststoffen, dass ich gar nicht anders konnte als mich an der frischen und rohen Kost aus Marlis Biogarten satt zu essen. Meine Schwester erfuhr durch eine bekannte Ärztin aus Südtirol, dass die Diätvorschriften der Medizin in Südtirol ganz anders sind als bei uns in Österreich. Sie waschen alles Rohe in einem Gemisch aus Wasser und Natron. Somit wird Obst und Gemüse keimfrei gemacht. Warum diese Erkenntnis in Österreichs Ernährungswissenschaften und Diätetik noch nicht bekannt ist, bleibt offen.
Ganze 20 Kilogramm hatte ich an Gewicht verloren. Meine Kleidung schlotterte nur so an meinem entkräfteten und muskelschlaffen Körper. Doch nach einigen Wochen „cuisine chez Marlis" hatte ich schon wieder gut sechs Kilogramm - zu unser aller Freude - zugenommen. Sie kochte so vorzüglich und mit so viel Hingabe und Liebe, dass ich zu einer dankbaren Esserin wurde.
Endlich schmeckte es mir wieder und alle am Tisch lächelten zufrieden, wenn ich nachbestellte. Es waren zirka

fünf Wochen der guten Erholung bei meiner Schwester in Spittal, doch schon bald darauf kam mein nächster Rückschlag.
In regelmäßigen, zuerst wöchentlichen Abständen musste ich mit der Rettung ins AKH auf die KMT-Station zur Kontrolle fahren. Ich war noch immer sehr depressiv und kam gedanklich und gefühlsmäßig nicht heraus aus diesem ärztlichen „Kontrollrad", in dem ich mich befand. Nach so einem Kontrolltag in Wien mit der Rettung hin und retour, war ich immer sehr erschöpft, sowohl psychisch als auch physisch. Die Entfernung von uns zu Hause bis Wien beträgt fast 800 km hin und retour, das sind acht Stunden reine Fahrzeit.
Nach so einem Tag ging ich dann meist schon um sieben Uhr zu Bett und brauchte nur noch meine Ruhe. Doch mit meiner Ruhe war es bald wieder vorbei. Bald kam nämlich wieder ein Anruf von meiner betreuenden Kontrollärztin, die mir auf meine Mailbox sprach: „Liebe Frau Allmann! Ich bitte sie, sobald wie möglich wieder auf die KMT-Station zu kommen, da in ihrem neuesten Kontrollwert ihres Blutes ein erhöhter CMV-Virus festgestellt wurde. Dieser Cytomegalievirus ist bei Gesunden nicht gefährlich, doch bei Transplantierten kann er große Probleme anrichten, da die körpereigene Abwehr so geschwächt ist, dass dieser Virus dafür verantwortlich gemacht wird, an einer harmlosen Infektion sterben zu können."

Sie erklärte mir noch, dass in meinem Falle morgens und abends eine Infusion über den Venenzugang gegen diesen CMV-Virus erfolgen müsste. Aus diesem Grunde müsste ich so schnell wie möglich wieder ins AKH.
Diese Nachricht traf mich wie ein Blitz.
Ich weiß noch gut, wie ich am Sofa in Marlis Wohnzimmer saß und wieder losheulte: „Ich geh nicht mehr zurück nach Wien! Nein, bitte nicht, ich kann und will nicht mehr! Warum hört denn dieser Alptraum gar nicht mehr auf?
Gott, warum quälst du mich so, was hast du mit mir vor?"
Meine Schwester nahm mich in ihre Arme und versuchte mich zu beruhigen. Ganz vorsichtig überzeugte sie mich, dass ich jetzt nichts aufs Spiel setzen dürfte.
So führte einfach kein Weg daran vorbei, wieder zurück in die „Höhle des AKH´s" zu siedeln. Es sei nur eine Zeitspanne von zwei bis drei Wochen einzuplanen, alles halb so schlimm, erklärte mir meine betreuende Ärztin.
Also bestellte ich gleich am nächsten Tag wieder den Krankentransport der Rettung. Wieder war mein Koffer zu packen, den ich schon nicht mehr sehen konnte.
Um sechs Uhr morgens darauf wurde ich schon von meinem mir bekannten Rettungsfahrer abgeholt. Er begrüßte mich mit den Worten: „Guten Morgen, Frau Allmann! So sieht man sich also schon so bald wieder!"
Er hatte mich ein paar Tage zuvor ebenfalls zur Kontrolle nach Wien gebracht. Auf dieser Fahrt nach Wien fühlte

ich mich wieder so elend, ich war verängstigt und zurückgeworfen in meinem Heilungsfortschritt und hatte wieder das Gefühl, dass es für mich keine Heilung mehr gab. Mein Weg dauerte immer länger, immer gab es unerwartete Rückschläge!
Abermals musste ich zurückkehren in dieses Isolierzimmer, das für mich den Beigeschmack einer Todeszelle hatte.
Dieses schlimme und destruktive Gefühl kann ich mir rückblickend nur durch meine schwere Depression erklären, denn alle im AKH gaben sich wirklich große Mühe, mich gut zu unterstützen und zu versorgen.
Es war einfach die große Angst vor der Zukunft, vor dem Tod und die Lebensunlust, die mich so sehr lähmten.
Aus den prophezeiten zwei Wochen wurden fünf unendlich lange Wochen. Ein Tag verging so langsam und quälend wie der nächste. Jeder Tag verlief gleich, abgesehen von verschiedenen Besuchern, die wieder treu und regelmäßig kamen. Sie versorgten mich weiterhin mit Essen, guten Gesprächen, Fußmassagen und gaben mir einfach nur durch ihr „Bei-mir-sein" das Gefühl, doch nicht ganz alleine zu sein mit meiner Last.
Mein Psychiater im AKH kam mich wieder besuchen, und er überzeugte mich davon, dass ich unbedingt vom Schlaf- und Beruhigungsmittel „Temesta" wegkommen müsste, das abhängig macht. Er verschrieb mir „Mirtabene", ein

viel besseres und nicht so gefährliches Beruhigungsmittel zum Einschlafen. Ich war recht überrascht, dass diese Umstellung dann doch so gut klappte. Nach einigen Umstellungstagen mit geringerer Dosierung des „Temestas" war die Neueinstellung auf das neue Medikament relativ schnell und erfolgreich geschafft. Mir fiel ein Stein vom Herzen, dass ich nun doch vom extrem belastenden „Temesta" weggekommen war.

Das Schwierigste war für mich wieder die Umstellung von vegetarischer Vollwertkost meiner Schwester auf den „Fraß" im AKH. Mit Mühe und Not nur konnte ich den Essensplan für eine Woche im Voraus ausfüllen, wohlwissend, dass alles nicht schmeckte und kaum genießbar war. Es ekelte mich schon beim Ausfüllen und Ankreuzen der aufgelisteten Speisen.

Jeder Morgen begann wie immer mit der täglichen Blutabnahme um sechs Uhr. Es war ziemlich demotivierend, denn dieser beharrliche CMV-Virus sprach lange Zeit überhaupt nicht an auf das Gegenmedikament, welches ich als Infusion zweimal täglich bekam. Ganze 21 Tage lang änderte sich nichts am CMV-Wert meines Blutes.

Drei Wochen lang, ohne eine positive Veränderung meines Wertes, zu warten, war für mich wieder eine ziemliche emotionale Herausforderung und Geduldsprobe. In dieser Zeit lernte ich wieder einmal Gleichmut zu üben, wie es mir meine jüngste Tochter „Mimi" immer wieder empfahl:

„Mama, übe dich in Gleichmut! Nimm es einfach hin, ohne es zu werten und ohne etwas zu erwarten!"

Es war so schwer, diesen Gleichmut zu üben, und doch schaffte ich diese fünf Wochen Nachsorgeaufenthalt wegen eines so unguten Virus. Von einem Tag auf den anderen begann der Wert zu sinken und ich konnte wieder „in häusliche Pflege" mit Tabletten gegen den CMV-Virus entlassen werden.
Ich dachte mir aber insgeheim: „Freu dich nur nicht zu früh, man kann ja nie wissen, was alles noch daherkommt auf meinem langen Heilungsweg." Doch diesmal war es wirklich der letzte stationäre Aufenthalt im AKH.

Endlich hatte ich es geschafft!

Was mein Körper sich in dieser Zeit der Leukämie alles an Medikamenten zuführen lassen musste, war schon fast unzumutbar.
Neben den Immunsuppressiva, die fast einen Zentimeter groß und dick waren, Antibiotika, Cortison, Magenschutztabletten, Psychopharmaka und jetzt noch die Medikamente gegen den Cytomegalievirus. Täglich war es für mich eine große Überwindung, mir diesen „Tablettensalat" morgens, mittags und abends einzuverleiben.
Dass sich mein Appetit auch aus diesem Grund nicht so

richtig einstellen wollte, war eigentlich kein Wunder.
Ich verbrachte noch weitere sechs Wochen bei meiner Schwester in Spittal, wo ich mich wiederum in Papas Wohnung in aller Ruhe regenerieren und erholen konnte. Marlis schaute weiterhin so gut auf mich, umsorgte und verpflegte mich wie eine liebende Mutter, notierte alle meine Kontrolltermine im AKH, bestellte den Krankentransport bei der Rettung für die regelmäßigen Blutkontrollen in Wien und verwöhnte mich rund um die Uhr mit ihren kulinarischen Köstlichkeiten. So legte ich auch schnell abermals an Gewicht zu und auch meine Haare begannen wieder sehr dicht und schnell nachzuwachsen. Jetzt bekam ich kleine Locken. Sie sahen aus und fühlten sich an wie bei einem jungen Schaf, wie ein weiches, lockiges Fell.

„Neue Blutgruppe, neue Frisur, neues Leben!"

Am 4.10.2013 hatte ich wieder Kontrolle im AKH. Das war der 100. Tag nach der Transplantation. Die nächste Kontrolle war schon gleich darauf am 10. Oktober. So engmaschig waren die Kontrolltermine angesetzt, da man in Wien auf Nummer sicher gehen wollte. Für mich war wieder jede neue Fahrt nach Wien ein ganzer Tag Stress und psychische Unruhe.
Meine Depression war durch „Tresleen", die ich vom Psychiater Dr. Pramsohler, dem Vorstand der Privatklinik Villach,

verschrieben bekam, etwas gedämpft worden. Ich spürte sie nicht mehr in dem großen Ausmaß, doch trotzdem kam keine Lebensfreude auf. Obwohl ich doch allen Grund dazu gehabt hätte. Ich hatte alles so gut überstanden, auch meine Transplantation plus anschließendem CMV-Virus, alles war vorbei und ich war am Leben! Ich hätte doch eigentlich Luftsprünge machen können.

Doch meine Seele und meine Psyche waren traurig und brauchten noch eine ganze Zeit, um die Krankheit, die fast zwei Jahre gedauert hatte, auszuheilen und um mich neu zu orientieren.

Mitte Oktober 2013 hatte ich dann in Spittal so Heimweh nach meiner Familie, dass ich es nicht mehr aushielt. Ich wollte wieder in mein eigenes Heim und zu meinen Liebsten, wollte wieder selber kochen, waschen, bügeln, putzen, Haushalt führen, Garten pflegen, einkaufen usw. Durch die lange Auszeit hatte ich diese Arbeiten schätzen und lieben gelernt und entwickelte eine ganz neue Freude und Liebe dazu. Meine Depression sollte noch den Herbst und Winter 2013 andauern.

Jeder Tag war gut für mich, wenn er endlich vorbei war. Am liebsten ging ich schlafen, nahm meine Schlaftabletten, ohne die ich noch immer nicht entspannen und einschlafen konnte und quälte mich morgens dann wieder stundenlang, um aus dem Bett zu kommen. Ich sah keinen Grund aufzustehen, da meine Freude fehlte und hatte

keinen Antrieb für den neuen Tag. Diese Morgenstunden waren die quälendsten. Ich wurde oft sehr früh wach, so um vier Uhr morgens. Dann drehte ich mich hin und her und versuchte vergeblich, weiterzuschlafen, benommen von den Schlaftabletten und gestört in meiner Persönlichkeit durch die Psychopharmaka. Ich hatte keinen Grund, den Tag freudig zu begrüßen. Alles war noch immer schwer und triste, irgendetwas blockierte meine psychische Heilung. Es war zum Verzweifeln!
Dennoch zwang ich mich, meine täglichen Hausarbeiten gut zu erledigen.
Die Arbeit lenkte mich ab und ich ging auch regelmäßig recht weite Strecken. Beim Gehen wird der Kopf frei und auch die Seele beginnt zu schwingen.
Oft dachte ich mir im Stillen: "Wie soll ich mit meiner Depression wieder jemals in den Schuldienst zurückgehen?"
Ich machte mir große Sorgen um meine Zukunft.
Im Frühling 2014 lud mich meine Schwester Christiane nach Malta ein.
Wir wollten uns wieder mit unserer ehemaligen Geschichteprofessorin Brigitte treffen, zu der wir immer noch einen guten Kontakt haben. Als mich Brigitte am Heimweg im Auto fragte, wie es mit meiner Depression ginge, erzählte ich ihr ganz offen, wie es um mich stand: „Jetzt hab ich alles hinter mir, alles gut überstanden, meine Blutwerte sind wieder so schön, aber meine Psyche ist noch immer

so traurig und leidend. Ich habe keine Lebensfreude und alles ist so grau."
Sie empfahl mir eine ganz besonders gesegnete Heilerin aus der Innernöring, namens „Samaya". Sie praktiziert spirituelles Heilen und wendet verschiedenste Heilenergien an. Ich ließ mir ihre Nummer geben und machte noch am nächsten Tag einen Termin bei ihr aus. Ich wollte alle Zeichen, die mir der Himmel zu meiner Heilung schickte, gerne annehmen. Ich war begierig und offen für die erlösende Heilung meiner Depression, die mein Leben so schwer machte. Ich wollte doch so gerne wieder „die Fülle des Lebens haben!"
Samaya lebte auf einem Biobauernhof, wo sie in einem Nebengebäude einen kleinen Wellnessbereich mit Sauna und einem kleinen Entspannungsraum eingerichtet hatte.
Ich erzählte ihr ganz offen, warum ich zu ihr gekommen bin: „Ich komme nicht wegen der Leukämie, die ist abgeschlossen für mich, sondern wegen meiner schweren Depression, die ich endlich loswerden möchte! Ich bitte dich wirklich ganz fest um deine Hilfe!"
Zuerst sprach sie ein Heilungsgebet auf Aramäisch in einer tiefen melodiösen Stimmlage, das sehr fremd, aber doch vertraut und stimmig auf mich wirkte.
Ich durfte mich auf ihrer „Stresslessliege" entspannen und Samaya wickelte noch eine warme Decke um mich. Anschließend schloss sie die Augen und sprach wohl mit den

Engeln und Geistwesen im Universum. Bald darauf fragte sie mich nach meinem schlimmsten Erlebnis in meiner Kindheit.

Ohne zu zögern erzählte ich von meiner traumatischen Mandeloperation in der Praxis unseres Hals-Nasen-Ohrenarztes, von der ich ja schon ausführlich berichtet habe, da ja meine Alpträume im Krankenhaus wieder von dieser Vergiftung handelten. Ich ging noch einmal mit meiner Heilerin in dieses alte Trauma im Geiste hinein, sah plötzlich wieder genau die Bilder, hörte die Stimmen der anwesenden Personen, meines Vaters, des Arztes, roch das Äther und hörte mich wieder rufen: „Papa, warum hilfst du mir denn nicht!" Ich war wirklich noch einmal eingetaucht in diese schreckliche Mandeloperation, die ich als Volksschulkind hatte. Alles war in meinem Gedächtnis abgespeichert. Wir gingen gemeinsam nochmals in diese Angst und Verzweiflung hinein.

„Du brauchst keine Angst zu haben, es kann dir nichts passieren, du bist von Gott, den Engeln und Mutter Maria beschützt", ließ mich Samaya wissen.

Voll Vertrauen ließ ich mich von dieser gesegneten und einfühlsamen Heilerin zurückführen, erlebte alles noch einmal im Geiste. Sofort spürte ich körperliche Reaktionen. Ich zitterte am ganzen Körper, hatte Gänsehaut und schrie wieder um Hilfe. Dann ließ ich all den aufgestauten Schmerz in einem befreienden Weinen herausfließen.

„Jetzt stell dir vor, du nimmst diese Angst in deine Hände. Wir bringen sie gemeinsam vor Jesus und seine Engel. Du legst sie in seine Hände und übergibst sie ihm, denn du brauchst sie nicht länger, denn sie hat dich lange genug gequält", flüsterte meine Samaya.
Anschließend machte sie noch eine Visualisierungsübung mit dem Bild eines Wasserfalls, unter den ich mich im Geiste stellen sollte. Ich ließ dieses Bild in meiner Vorstellung durch mich durchfließen, stellte mich unter das klare, reine Quellwasser und ließ mich von Kopf bis zu den Füßen reinigen. „Jede Zelle deines Körpers wird nun gereinigt! Ich sehe jetzt, wie eine braune Masse, das sind deine Altlasten und aufgestauten negativen Energien, von deinen Füßen herausquellen und wie du jetzt gereinigt wirst. Alles wird gut, hab Vertrauen!"
Ich stellte mir all ihre weisen Worte ganz deutlich im Geiste vor, und ich glaubte und vertraute. Nach zirka eineinhalb Stunden war dieser geistige „Hokuspokus" beendet. Wir beteten noch abschließend das „Vaterunser" auf aramäisch, angeblich die Sprache, die Jesus sprach und plauderten noch auf ihrer Bank vorm Haus in der warmen Abendsonne, die bald unterging.

In der kommenden Nacht schon machte sich diese Wunderheilung bemerkbar. Als ich auf die Toilette musste, war ich unfähig, das Gleichgewicht beim Gehen zu halten, denn alles drehte sich in meinem Gehirn. Ich hatte plötzlich einen so heftigen Schwindel-Anfall, dass ich auf allen Vieren auf die Toilette kriechen musste. Alles drehte sich in Windeseile um mich herum.

Ich musste mich bemühen, wieder zurück in mein Bett zu kommen, ohne zu stürzen. Das Wiedereinschlafen erlöste mich von dieser Schwindelattacke.

Am folgenden Morgen beim Aufstehen drehte sich wiederum alles, und ich brauchte sehr lange, um unsere Holzstiege ins Parterre hinunter zu gehen. Sogar beim Sitzen und beim Frühstücken quälte mich großer Schwindel. Ich wollte daraufhin Kreislauftropfen aus meinem Arbeitszimmer nebenan holen und „kippte" regelrecht um. Ich legte mich hin, ergab mich diesem Schwindel und lag mindestens eine halbe Stunde auf dem Holzboden, schloss meine Augen, ergab mich dem Drehen in meinem Kopf und betete innig: „Bitte lieber Gott, hilf mir! Was ist los mit mir? Bitte mach, dass es nicht wieder etwas mit meinem Kopf ist!" Dies waren vorerst meine Bedenken.

Zwei Nächte und zwei Morgenstunden dauerte dieser Schwindel an, tagsüber besserte er sich. Am dritten Morgen war alles vorüber.

Nicht nur vom Schwindel war ich erlöst, auch von meiner Depression!

Endlich! Nach fast eineinhalb Jahren des psychischen Leides konnte ich wie durch ein Wunder wieder aufatmen und

Lebensfreude spüren. Wie dankte ich Gott, meinem Retter, der durch meine „Samaya" in mir wirkte! Ich konnte es kaum glauben, und doch merkte ich gleich beim Aufstehen, dass alles so leicht war, alles war hell und freundlich um mich herum, fort mein Grauschleier, ich hörte die Vögel zwitschern und ich hatte überhaupt keine Probleme mehr aufzustehen und den Tag zu beginnen. Ich freute mich über diesen neuen und lebensfrohen Tag und war gespannt, was er mir bringen würde. Ich hatte es genau gespürt, als sich in meinem Hirn durch den Schwindel etwas löste, als ob jemand einen Schalter umgelegt hätte.

Jetzt erst konnte ich mit meinem neuen Leben beginnen, denn die Lebensfreude, begleitet von größter Dankbarkeit für meine Heilung, erfüllte mein Herz und meine Seele!

Endlich heil auf allen Ebenen! Und das nach fast zwei Jahren! Gemeinsam mit dieser überschwenglichen Freude und Dankbarkeit am Dasein kam auch mein Vertrauen und mein Glauben an Gott zurück in mein Leben. Doch jetzt ist es kein blinder Glaube oder eine Annahme, es wurde ein Wissen aufgrund eigener Erfahrung: „Aus tiefstem Leid - diese wunderbare Erlösung!

Gott, Du hast mein Klagen in Tanzen verwandelt!

Ich bin Dir so unendlich dankbar, dass Du mich geheilt hast, auch dafür, dass Du so stark in mein Leben getreten bist! Wie Phönix aus der Asche bin ich neu auferstanden, glaubte mich zum Tode verurteilt, hatte die Hölle auf Erden durchwandert, musste einen so steilen und steinigen Weg gehen, der mir unendlich lang und unerreichbar erschien! Doch Du hast mir geholfen, dieses schwere Kreuz zu tragen und all meine Lieben, die immer bei mir waren, mir Mut und Hoffnung machten und so viel für mich gebetet haben. Eure Gebete wurden erhört und ich danke allen dafür!"

sie kommunizierte mit Engeln und wurde oft als „nicht ganz normal" bezeichnet.
Bei meiner Heilbehandlung nahm sie im Geiste Kontakt mit einer „blond gelockten Frau" auf, die mir sehr nahe steht und die mir sehr Wichtiges mitzuteilen hätte. Als sie mir diese Frau genau beschrieb, auch ihre Körperhaltung, beide Hände resolut in ihre Hüfte stemmend, durchfuhr mich am ganzen Körper eine Gänsehaut, was bei mir immer ein absolut sicheres Zeichen für Wahrheit und Stimmigkeit ist.
Sofort wusste ich, wer diese besondere Frau war.
Sie verstarb bei einem Unglück am Millstätter See am 2. August 2002 durch Ertrinken. Es war meine geliebte Mutter!
Mama richtete folgende Botschaft an mich:
„Regina, es tut mir so leid! Ich habe so viele Fehler in meinem Leben und in eurer Erziehung gemacht. Ich habe euch oft nicht gut behandelt und war viel zu streng zu euch. Jetzt weiß ich es, aber damals auf der Erde wusste ich es nicht besser. Kannst du mir bitte verzeihen?
Und noch etwas Wichtiges für dich, mein Kind:

„Bring dein Leben in Ordnung!"

Mich überkam nach dieser psychisch so aufwühlenden,

tiefgehenden Botschaft meiner verstorbenen Mutter ein Weinkrampf und ich wusste: „Es ist die Wahrheit!"

Ich danke an dieser Stelle dieser besonders begnadeten Frau, Margrit Christine Arko, Naturheiltherapeutin, Dipl. Hunaberaterin und Hunapraktikerin und Gründerin der „AKUA-Lebensschule".

Ich gehe seit September als angehende „Kinesiologin und ganzheitliche Humanenergetikerin" bei ihr und anderen geistigen Lehrerinnen und Fachfrauen „in die Lehre". Ich werde regelrecht hingezogen zu diesem „Heilerberuf" und ich spüre, dass es mein Seelenplan ist, anderen Menschen zu helfen und Gott zu dienen.

Ich habe Mamas Rat und Aufforderung befolgt und kann mit Stolz, Dankbarkeit und großer Demut ausrufen: „Ja, ich habe es geschafft! Ich habe mein Leben in Ordnung gebracht! Gott hat alles nach seinem Plan für mich neu und gut geregelt. Alles ist neu und wundervoll! Danke!"

Mit dem Psalm 116, „Dank für Rettung aus Todesnot" möchte ich mein Buch beenden und für alle, die es gelesen haben, Gottes Schutz und Segen erbitten:

„Ich liebe den Herrn, denn er hat mein lautes Flehen gehört und sein Ohr mir zugeneigt an dem Tag, als ich zu ihm rief.

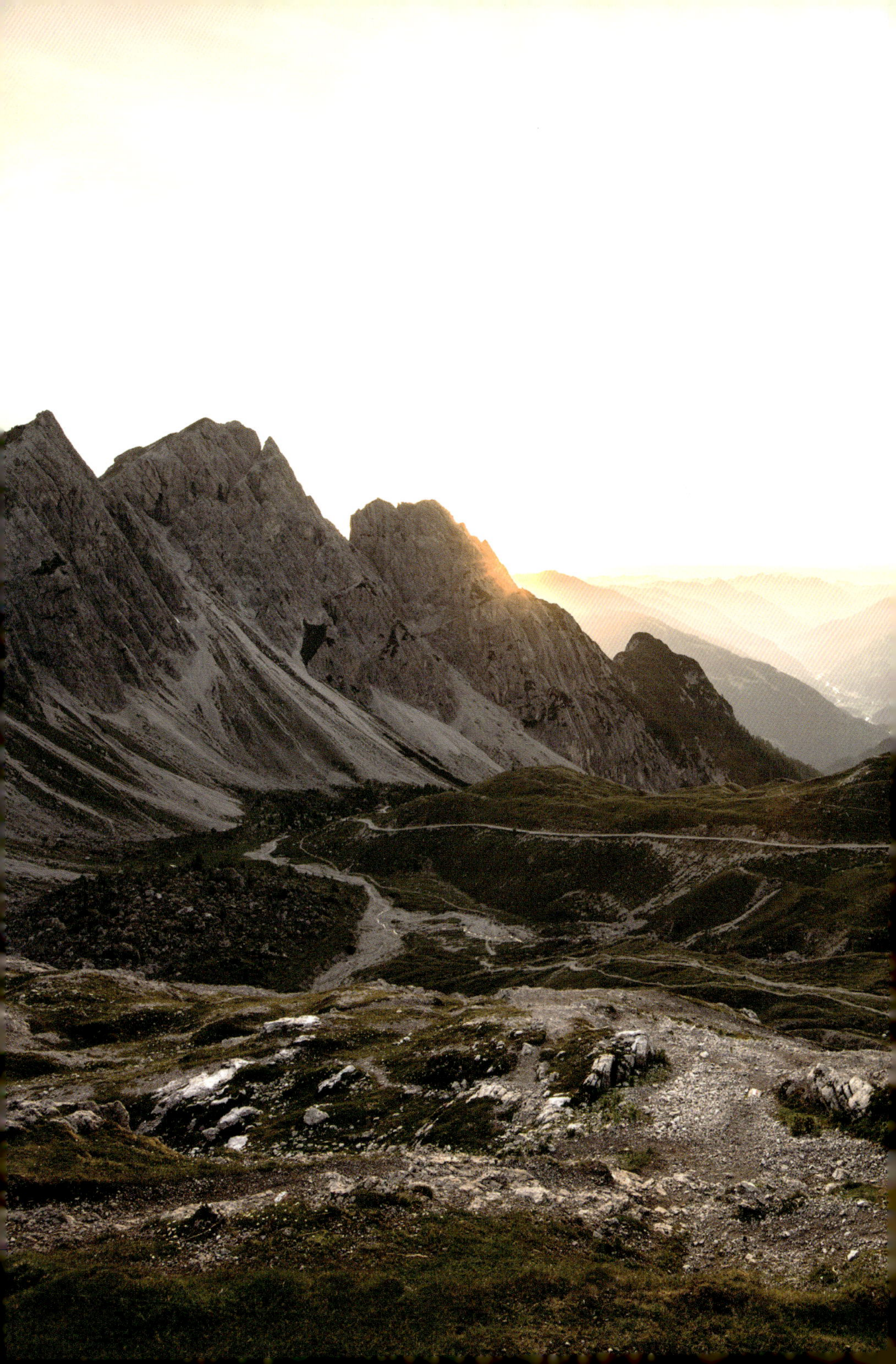

Mein neues Leben

Es wurde Frühling 2014, als ich in mein neues, gesundes und überaus freudvolles neues Leben trat. Ich hatte wieder so große Freude daran, dass ich jede Arbeit mit viel Liebe und Achtsamkeit ausführte und vollendete.

Ich war so gierig nach dem Leben, dass ich mich oft selber in meinem Überschwang einbremsen musste oder eingebremst wurde, weil ich einfach zu schnell und übermütig im Leben unterwegs war. So brach ich mir einmal im März bei einem Sturz mit dem Rad den linken Arm, genauer gesagt den linken Speichen-Radiuskopf. Ich war vor Übermut sehr unachtsam, richtete mit der rechten Hand das Licht und hatte nur die Linke frei zum Bremsen.

Dass dies die starke Vorderradbremse war, merkte ich zu spät. Ich flog daraufhin kopfüber über die Lenkstange und landete auf meinem Kinn und auf meinem linken Arm. Ich blutete sehr stark am Kinn und trug noch eine starke Schnittwunde davon. Am linken Arm war mein Speichen-Radiuskopf gebrochen. Ich trug eine Woche Gips und wurde so wieder gezwungen, langsamer und achtsamer durchs Leben zu gehen und meinen Übermut zu bremsen.

„Übermut tut selten gut!" Dieses Sprichwort hat sich wieder einmal bewahrheitet.

Mit meinem Hausarzt, Dr. Herwig Linder besprach ich einmal im Sommer 2014 die zukünftigen Blutkontrollen, die ich nicht mehr im AKH in Wien machen wollte, sondern bei ihm in Seeboden.
Ich bin ihm heute noch sehr dankbar dafür, dass er mich ermutigte, dem AKH und dem „schulmedizinischen Kontrollwahn" Ade zu sagen.
Als ich Herwig einmal bei einem Konzert in Millstatt traf und wir anschließend plauderten, sagte er zu mir: „Du wirst doch nicht einen ganzen Tag deines wertvollen neuen Lebens herschenken für eine Blutuntersuchung, die du bei mir in einer Viertelstunde machen kannst." Wie Recht er hatte!
„Niemand bestimmt über mein Leben! Ich bin mein Chef und entscheide, wann, wie oft und wo ich meine Werte kontrollieren lasse!"
Plötzlich überkam mich ein so großes Selbstvertrauen, dass ich mir ganz sicher war in meinem Entschluss, im August 2014 das letzte Mal nach Wien zur Kontrolle auf die KMT-Station zu fahren. Mit vier Geschenkspäckchen, in denen jeweils ein Kärntner Reindling und eine Flasche Rotwein waren, fuhr ich also das letzte Mal nach Wien.
Ein Abschiedspaket war für den Chef der KMT-Station, Prof. Kalhs, der mir vor meiner Transplantation noch den „Ritt über den Bodensee" prophezeite.
Dazu schrieb ich ihm eine Karte, mit der Anmerkung:

„Sehr geehrter Herr Prof. Kalhs! Ich habe den Ritt über den Bodensee geschafft! Danke!"

Das zweite Kärntner Packerl war für den Assistenzarzt der Station, der die Besprechungen der Laborwerte und die Medikamenteneinnahme „überwachte". Das dritte Packerl war für die Damen, die die Blutabnahmen machten und immer sehr nette Worte für uns Patienten fanden.

Das vierte und letzte Packerl brachte ich auf die KMT-Intensivstation im 21. Stock, wo ich fast zwei Monate verbrachte.

Ich hatte mir schon am Tag zuvor einige Argumente überlegt und war mir fast sicher, dass mich mehrere Ärzte im AKH überreden würden, die Kontrollen doch weiterhin in Wien zu machen. Ich glaubte wirklich, dass sie mit allen möglichen überzeugenden und angsteinflößenden Argumenten versuchen würden, mich umzustimmen, die Kontrollen doch weiterhin in Wien zu machen. Doch ich war sehr positiv überrascht! Niemand versuchte es, mein Wunsch wurde von allen akzeptiert und respektiert.

Der Kontrollarzt betonte noch abschließend, wenn mein Hausarzt noch irgendwelche Fragen hätte, könne er ruhig anrufen.

„Wir können die Blutwerte auch nach Wien faxen, oder wenn ihr mich persönlich sehen wollt, könnten wir natürlich auch skypen!", scherzte ich.

Doch das wäre nicht nötig, erklärte er mir schmunzelnd.

Ein weiteres großes Anliegen bei meinem letzten Besuch im AKH war mir, noch einmal auf die Intensivstation zu gehen, mich bei allen zu bedanken und ihnen zu erzählen, wie gut es mir ging.
Das tat ich dann auch. Es war sehr ergreifend für mich, das bekannte Team noch einmal als gesunder Mensch zu sehen und mich zu bedanken.
Ich hatte noch eine Bitte an Prof. Dr. Rabbitsch: „Ich würde so gerne zu einer Leukämiepatientin oder einem Patienten gehen, um ihm Mut zu machen und von meiner eigenen Leidensgeschichte erzählen, die so gut ausging."
Er war sehr erfreut und betonte, wie gut das wäre, wenn dies mehrere von den Genesenden tun würden. Das würde die Moral und die Psyche der AML Patienten sehr heben und äußerst positiv beeinflussen.
So besuchte ich Melany, eine Maturantin, die die Transplantation sehr schwer hinter sich gebracht hatte und starke Abstoßungsreaktionen durchleiden musste. Ihr Körper war rot gefleckt und aufgeschwemmt, übersät mit roten Flecken. Auch ihre Arme und Beine waren stark geschwollen.
Ich erzählte ihr, warum ich hier sei, und sie freute sich sehr über meinen Besuch. So erzählte sie mir ihre Geschichte der Leukämie und ich ihr meine.
Dann saßen wir lange schweigend, hielten uns die Hände, und ich schickte ihr in Gedanken Christuslicht. Zuletzt

weinten wir beide und wünschten uns viel Glück, Gesundheit und Gottes Segen.

Ob es Melany geschafft hat? Ob sie vielleicht in der Maturaklasse ist und großen Eifer hat beim Lernen oder aber ihrem Leben eine ganz neue Richtung gibt? Vielleicht hat sie auch Gott zu sich gerufen? Ich weiß es nicht. Bedrückt einerseits durch ihr Schicksal, beglückt andererseits durch meinen Abschied vom AKH telefonierte ich nach meinem Rettungsfahrer und bestellte ihn, mich abzuholen:

„Bitte ein letztes Mal zurück nach Kärnten! Hier hab´ ich alles erledigt."

Wir fuhren im Konvoi mit einem anderen Rettungswagen aus Villach, der ebenfalls einen Leukämiepatienten zur Kontrolluntersuchung nach Wien gebracht hatte. So lernte ich Konstantyn kennen, einen jungen Mann aus der Ukraine, der auch eine Transplantation mit Nabelschnurblut hinter sich hatte.

Er macht zur Zeit in Villach auf der FH die Ausbildung zum Informatiker und arbeitet bei „Infineon". Ich wollte meinen Abschied vom AKH mit ihnen feiern und so lud ich beide Rettungsfahrer und auch Konstantyn zu einem gemeinsamen Essen auf der Heimfahrt ein, denn ich hatte an diesem Tag wirklich Grund und Laune, ordentlich zu feiern.

Wir machten bei der „Griffner Rast" Halt und bestellten uns ein gutes Menü, jeder nach seinem Wunsch. Ich hielt eine kurze Rede und teilte allen mit, dass ich es wirklich geschafft hatte, mich von Wien zu verabschieden und dass ich so unendlich dankbar bin, dass es mir wieder so gut geht. Wir stießen auf unsere Gesundheit an und ich kam ins Gespräch mit Konstantyn. Er erzählte mir seine tragische Geschichte. Konstantyn kam mit Halsweh zum Arzt und glaubte an eine Mandelentzündung. Doch nach einer Blutkontrolle wurde bei ihm ebenfalls „Akute Leukämie" festgestellt. Er spricht besser Englisch und so teilte ihm sein Arzt mit: „Mister, you have Leukämie!" Konstantyn bekam ebenso den ganzen Chemotherapiezyklus in Klagenfurt, dann wurde jedoch kein geeigneter Spender für ihn gefunden, und so musste auch er mit Stammzellen-Nabelschnurblut transplantiert werden. Er erzählte mir von seinen Qualen in der Intensivstation des AKH, von seinen fürchterlichen Kopfschmerzen nach der Transplantation. Ich erfuhr, dass das eingefrorene Nabelschnurblut erst in seinem Körper aufzutauen begann, dass es mit einer Art Frostschutzmittel tiefgekühlt wird und dann im Körper wieder auftaut. Wochenlang hatte er danach einen Geschmack von Frostschutzmittel auf der Zunge und spürte es in seinem ganzen Körper.

Mein neuer Freund erzählte mir von einer schweren Magenblutung nach der Transplantation, an der er fast verblutet wäre und von viel anderem Leid, das er durchgemacht hatte. Aber das Schlimmste für mich war, als er mir erzählte, dass er die drei Monate, die er im AKH verbrachte, kein einziges Mal Besuch bekam. Seine Familie in der Ukraine konnte sich den Flug nach Wien nicht leisten. Die Freunde aus der Ukraine, die ebenso bei Infineon arbeiten, hatten keine Zeit oder auch keine Lust, ihn zu besuchen. Er skypte die meiste Zeit mit ihnen und hielt sie so auf dem Laufenden.

Ich kann mir nicht vorstellen, wie ich diese lange Zeit ohne Kontakt zur Mitwelt, zu meiner Familie und Freunden überstanden hätte.

So habe ich durch Konstantyn erfahren, dass es Menschen gibt, die noch isolierter und einsamer waren während ihrer Leukämieerkrankung.

Konstantyn und ich sind seitdem gute Freunde geworden, wir treffen uns gerne und sprechen Englisch miteinander, obwohl er eigentlich Deutsch lernen sollte.

Nach diesem letzten Tag in Wien, nach dieser Nacht, als ich mich endlich aus diesem Kontrollrad bzw. dem Kontrollwahn befreit hatte, merkte und spürte ich, wie ich innerlich aufatmete und jetzt erst konnte mein

neues, freudvolles, angstfreies, dankbares, sorgenfreies, achtsames, zufriedenes und glückliches Leben so richtig beginnen!

Mein neues Leben

Jeden Tag fange ich mit einer morgendlichen Meditation und einem stillem Gebet an.
Ich habe ziemlich viele Lieblingsgebete, die mir sehr viel Kraft und innere Stärkung geben. Eines davon bete ich besonders gerne: „Guter Gott! Ich bin dir so dankbar, dass ich wieder gesund bin und so viel Freude am Leben habe. Danke für diese wunderbare Heilung, danke auch allen, die für mich gebetet haben, mich umsorgt haben, mich nicht aufgegeben haben. Jesus Christus, ich habe deinen Ruf an mich gehört und danke dir, dass du mich nicht vergessen hast, obwohl ich dich oft vergaß und nicht an dich dachte. Ich hatte mich von dir abgewandt und ging meine eigenen Wege. Du aber hast mich nicht aufgegeben. In der Erfahrung meiner Heilung weiß ich nun, dass du „ja" zu mir gesagt hast. So habe ich deine Liebe zu mir neu kennengelernt und ich antworte nun mit einem „ja" zu dir! Du bist das Beste, was mir je passiert ist und das Wichtigste in meinem Leben! Verwandle mein Leben, damit es für dich und mich zur Freude und den Menschen zur Hilfe wird. Amen!"

Ich stehe fast jeden Tag um fünf Uhr auf und beginne meinen neuen Tag mit einem kurzen Dankgebet für die gute Nacht und bitte um einen guten, schaffensfrohen neuen Tag und um Gottes Segen.

Danach nehme ich in der Küche einen Schluck eines kaltgepressten Sonnenblumenöls und „ziehe" das Öl langsam einige Minuten durch meinen Mund. Dadurch ziehe ich alle möglichen Gifte aus meinem Körper. Wichtig dabei ist, dass dieses gezogene Öl danach nicht in den Abfluss kommt, da dieser dann mit der Zeit verstopft wird, sondern dass es in ein Taschentuch kommt, welches dann mit dem Restmüll entsorgt wird.

Anschließend nehme ich meine zwei Kapseln Panaceo, die ich mit einem Glas Rohnensaft einnehme. Dabei segne ich in Gedanken den ersten Schluck mit folgenden Gedanken eines Liedes: „Den ersten Schluck Wasser am Morgen trink ich auf das Wohl Gottes des Vaters und auf mein eigenes Wohlergehen!"

Daraufhin bereite ich mir in meiner Thermoskanne meinen grünen Tee zu, den ich sehr lange ziehen lasse, um so die gesunden Bitterstoffe zu erhalten. Auf Kaffee kann ich schon lange verzichten, denn ich brauche morgens viel gesunde warme Flüssigkeit, um „auf Touren zu kommen".

Dann bereite ich mir meinen eigenen Haferbrei zu, den ich mit heißem Wasser aufgieße und dann einige Minuten quellen lasse.

Meinen Haferbrei mische ich einer großen Schüssel im Voraus mit folgenden Zutaten: „Alnatura Frühstücksbrei

auf Haferbrei Basis mit Dinkel und Erdmandel-Nussmischung", Rosinen, Mandeln oder Walnüssen, geschroteten Leinsamen, gehackten Kürbiskernen, manchmal auch Kokosraspeln, Chiasamen (sehr reich an Calzium, Magnesium und andere Spurenelemente) und Zimt.
Darunter schneide ich frisches Obst, wie Bananen, Apfel, Trauben, verschiedenste Beeren der Saison (z.B. Brombeeren oder Himbeeren aus meinem Garten) oder auch Melonenstückchen sind sehr schmackhaft.
Diese gesunde und köstliche Mischung wird dann noch mit süßem Rahm und Honig gekrönt.
Jeden Morgen genieße ich mein Müsli nach meiner Morgengymnastik und jeden Löffel davon esse ich achtsam und dankbar. Brot, frisches Gebäck oder Toastbrot mit Marmelade oder Honig dazu - diese Zeiten sind vorbei und mich gelüstet es nur höchst selten danach.
Außerdem ist es ein gutes Gefühl, am Morgen schon eine große Portion Obst zu essen, dann habe ich meinen Vitaminbedarf schon so ziemlich gedeckt. Bevor ich mein Müsli genieße, lüfte ich Küche und Wohnzimmer ausgiebig. Dann bereite ich meine Gymnastikmatte, Terraband, einen „Igel-Massageball" und eine selbstgemachte Hantel aus einer mit Wasser gefüllten Hartplastikflasche. Dazu lege ich eine passende CD auf, entweder Meditationsmusik oder Chor- bzw. geistliche Musik. Meine Favoriten sind folgende CDs: „Men of faith - Drakensberger

Boys choir", „Wie im Himmel", „Himmlischer Händel", „Der Wunderapostel" und „Eine neue Erde". Die letzten zwei sind ausgewählte Heilungsmusik, die ich mir vom „Bruno Gröning-Freundeskreis" hab zukommen lassen. Auch die CD „Herz-Schwingungen-OM" mit tibetischen Klangschalen, Gongs, Cello und keltischer Harfe hat einen sehr beruhigenden Klang für meine Seele. Nun beginne ich meine tägliche körperlich-seelisch-geistige „Aufladung", meine Tochter Hemma nennt es „workout". Ich beginne mit meinen Übungen, die ich beim Seminar „Touch for Health"(Kinesiologie) gelernt und angewendet habe, die sogenannten „kinesiologischen Einschaltübungen", wie Meridiannachziehen (Zentralgefäß, Gouverneursgefäß), gezielte Massagepunkte zum Erwecken der Lebensgeister und Überkreuzbewegungen, die sehr effektiv sind, um beide Gehirnhälften miteinander zu verbinden.

Ich arbeite dann noch mit meinem Terraband, meiner Hantel und meinem Massageball. Dann gehe ich über zur „Chakrenaufladung". Chakren sind die Energiezentren des Menschen. Ich aktiviere diese sieben Zentren mit meiner spirituellen Chakrenmedidation. Dabei bitte ich Gott, diese mit Energie aufzuladen und schließe mit der „Wurzelchakramassage" am Steißbein. Zuletzt streiche ich mit meinen Händen über meine Wirbelsäule und denke dabei an die sogenannte „Kundalinienergie", die durch das Rückenmark aufsteigt, dort hellrotes gesundes Blut bildet und bis in mein Kronenchakra im Bereich der Fontanelle am Kopf strömt und sich wiederum mit dem Göttlichen verbindet. Ich stelle mir diese „Heilstromaufladung" immer bildlich mit einem hellen strahlenden Licht vor. Anschließend mache ich noch Kräftigungsübungen mit meiner Hantel.

Danach folgt eine Dreiviertelstunde Ganzkörpergymnastik mit verschiedensten Übungen, vor allem für Bauch- und Rückenmuskeln und Beckenbodentraining. Die diversen Übungen habe ich von meiner Physiotherapeutin nach meinem Bandscheibenvorfall, im Krankenhaus von den Therapeuten und auch auf der Rehabilitation in Bad Tatzmannsdorf gelernt.

Sie sind mir wirklich „in Fleisch und Blut übergegangen", und ich habe die ganz genaue Reihenfolge schon im Kopf automatisiert. Nach diesem Fitnesstraining tanke ich noch liegend in ausgestreckter Rückenlage „Christuslicht". Spirituelle und geistig hochstehende Musik unterstützt diese Aufladung. Mit gestreckten Armen empfange ich nicht nur in meiner Vorstellung, sondern auch wirklich spürbar als leichtes Kribbeln diesen „Göttlichen Heilstrom". Ich stelle mir dazu helles gleisendes Licht vor und spreche dazu still meine täglichen zwei Heilungs- und Schutzgebete, die mir meine beste Freundin Angelika während meiner Leukämieerkrankung geschenkt hat:

"Möge die göttliche, heilende Kraft mich durchfließen, mich reinigen, stärken, heilen, mich erfüllen mit Liebe, heilender Wärme und Licht, mich schützen und führen auf meinem Weg!"
"Gottes allmächtiges Wort und die liebende Heilkraft Jesu Christi fließen durch mein Kronenchakra in mein Blut und in jede Zelle meines gesunden Körpers! Amen. Danke dafür, dass dies geschieht!"
Um noch mehr spirituelle Energie zu erlangen, habe ich mich stärker mit der „Violetten Flamme" vertraut gemacht, die im Laufe meiner Heilung auf mich zugekommen ist. Vor meiner Transplantation war ich mit Geli bei einer Heilerin in Obergottesfeld. Margrit Arko ist praktizierende Hunalehrerin und Heilpraktikerin, die schon weit über Kärnten hinaus sehr bekannt ist für ihre großen Erfolge zur „Aktivierung der körpereigenen Heilungsenergien".
Von ihr bekam ich das Buch und eine informative Einführung über das Phänomen der „Violetten Flamme". Ich besorgte mir damals dieses Büchlein, konnte jedoch aufgrund meiner Depression nicht viel damit anfangen.
Doch jetzt - geheilt und so lebensfroh wie nie zuvor - fiel es mir wieder in die Hände und ich begann, mich darin sehr eifrig zu vertiefen.
„Die Violette Flamme" ist eine spirituelle Energie, die von Heilern und Alchemisten eingesetzt wurde, um energetische Balance und spirituelle Veränderung zu erreichen.

Mystiker aller Zeiten haben diese Energie genutzt. Bei näherem Vertiefen bin ich zu der Erkenntnis gekommen, dass es nichts anderes ist, als die Göttliche Heilungsenergie selbst.

Der geheimnisvolle Graf Saint Germain zeigte uns vor langer Zeit, wie wir die Violette Flamme benutzen können, um uns aus unseren eigenen menschlichen Verstrickungen zu befreien.

In dem Buch über die „Violette Flamme" von Elisabeth Claire Prophet gibt es praktische Anleitungen durch sogenannte „Diktate", oder auch „Dekrete" genannt. Mit diesen kann man in neun Schritten lernen, die Kraft der „Violetten Flamme" auch im eigenen Leben zu aktivieren.

„Die Violette Flamme ist die Essenz einer der so genannten sieben Strahlen. Wie ein Sonnenstrahl, wenn er durch ein Prisma fällt, in die sieben Farben des Regenbogens aufgespalten wird, so manifestiert sich das spirituelle Licht ebenfalls in sieben Strahlen. Jeder Strahl besitzt eine bestimmte Farbe, Frequenz und Qualität von Gottes Bewusstsein. Der violette Lichtstrahl ist als der Siebte Strahl bekannt. Ruft man ihn im Namen Gottes an, so strömt er als Strahl spiritueller Energie zu uns herab und zerbirst in unserem Herzen zu einer spirituellen Flamme, die die Qualitäten von Gnade, Vergebung, Gerechtigkeit, Freiheit. verkörpert."

(zit. aus E.C. Prophet: „Die Violette Flamme", S. 41)

Es gibt verschiedenste Dekrete und Visualisierungsübungen über dieses wundervolle Heilungslicht Gottes. Eines davon lautet:

„ICH BIN die Violette Flamme, die jetzt in mir brennt.
ICH BIN die Violette Flamme und beuge mich nur dem Licht.
ICH BIN die Violette Flamme in all ihrer kosmischen Kraft.
ICH BIN das Licht Gottes, das ständig scheint.
ICH BIN die Violette Flamme, die glüht wie die Sonne.
ICH BIN Gottes heilige Kraft, die jeden befreit."

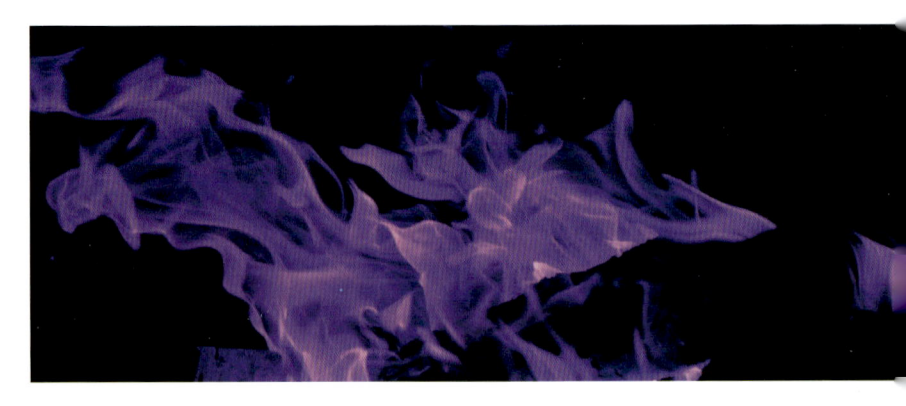

Nach meinen Schutzgebeten am Morgen spreche ich noch still mehrmals das kurze Dekret der „Violetten Flamme":
„ICH BIN die Violette Flamme Gottes, die in mir brennt und alles heilt.

ICH BIN die Reinheit, die Gott sich wünscht!"
Jeden Morgen spüre ich immer wieder neu und überglücklich diese ungeheure Kraft und Aufladung, die davon ausgeht.
Dann bete ich noch für all meine Lieben, für meine Familie, meine Großfamilie, alle, die mir am Herzen liegen, kranke Menschen, die mir nahe stehen oder Menschen, die in Not sind. Ich verschicke im Geiste dieses Christuslicht und bete danach noch für den Weltfrieden, für die Flüchtlinge und für unsere Nachbarn.
Wenn ich genügend Zeit am Morgen habe, nehme ich noch sehr gerne meine Gitarre zur Hand und singe für mich und für meinen Vater im Himmel Lob- und Danklieder. Warum ich das mache?
Einfach weil es mir so gut tut. Meine Seele „lechzt" richtig danach. Ich spüre täglich, wie viel Energie und Freude ich immer wieder bekomme. „Wie der Hirsch schreit nach frischem Wasser, so schreit meine Seele zu Gott!"
Ich bin durch die Hölle gegangen und habe den Himmel in mir gefunden. Durch meine Heilung habe ich wieder ganz tief zu Gott gefunden. Er wurde das Wichtigste in meinem Leben! Ich selbst habe wieder zu meinem Inneren, zu meiner Würde gefunden. Meine Gesundheit, meine Freude, mein Frieden, mein Glück und meine Zufriedenheit sind mir das Wichtigste neben meiner Familie geworden. Ich habe durch meine Krankheit gelernt, mir

selber wieder ganz wertvoll zu sein, mich ganz fest zu lieben und alles an mir mit Liebe anzunehmen. Ich kann wirklich ganz bestimmt feststellen:

„Gott hat mein Klagen in Tanzen verwandelt!"

> Kleine leuchtende Blumen künden die Sprache vom Leben und werden zu Freudenboten.
>
> Gott, Du hast mein Klagen in Tanzen verwandelt!

Zwei meiner Lieblingslieder von Shirley Bassey, die ich auch öfters für meine morgendliche Gebets- und Meditationsstunde aussuche, weil sie mich so tief bewegen und so passend für mich sind, lauten: „The power of love" und „The greatest Love".
Ich möchte kurz den englischen Text dazu aufschreiben: „Whispers in the morning, whenever you reach for me, I do all that I can.

I am always by your side. sometimes I´m frightened but I´m ready to learn about the power of love.
Everybody is searching for a hero, people need someone to look up to, never found anyone to fulfill that need. I learned to depend on me. I decided long ago, never to walk in anyones shadow. If I succeed, no matter what they take from me, they can´t take away my dignity.
Because the greatest love of all is happening to me. It´s easy to achieve.
I´ve found the greatest love of all inside of me!
Learning to love yourself is the greatest love of all!"

Diese große innere Liebe zu mir zu finden, war für mich gar nicht leicht.

Wenn ich frühmorgens diese Lieder beim Meditieren höre, überkommt mich auch schon einmal ein Weinen, da ich die Bedeutung dieses wunderbaren Textes während meiner Heilung und auch jetzt immer wieder so tief miterlebe. Durch meine so lange Krankheit hatte ich die Chance bekommen, tief in mich zu gehen, meine Selbstliebe, meine Würde zu entdecken und auch um mein Leben zu kämpfen. Dabei habe ich auch die Liebe zu Gott und meine so starke Lebensfreude wieder ganz neu entfalten können.
Meine so sehr geschätzte Energetikerin Ilse hat einmal

zu mir gesagt: „Sei dankbar für das Leid, das dir zeigt, was dich von der Freude abhält!"
Ich habe dieses Leid hautnah erfahren und habe meine Freude und meine Quellen wieder entdeckt.

Meine geistig spirituelle Nachbetrachtung

Ich möchte zur Überleitung passend aus dem Buch „Die Engel antworten (Himmlische Hilfen für die wichtigsten Lebensfragen) von Diana Cooper"
folgende Betrachtungen über dieses besondere Jahr 2012 und seine geistig spirituelle Bedeutung für die Menschheit zitieren: „Die Wintersonnenwende 2012 (das war genau die Zeit meiner so fürchterlichen Alpträume!) markiert das Ende einer Epoche und den Beginn einer neuen. Gleichzeitig endet ein 26 000 Jahre dauernder kosmischer Zyklus und ein neuer beginnt. 2012 ist der Anfang einer zwanzig Jahre dauernden Übergangsphase (ist gleich Läuterungsphase, der ein Bewusstseinswandel folgt). Eine massive Lichtzunahme ist in diesem Jahr zu verzeichnen.
Gaia, der gewaltige Engel, in dessen Obhut sich die Erde befindet, hat verfügt, dass sich das Bewusstsein der Erde und all ihrer Bewohner erhöhen muss.
Wer bereit ist, wird eine außergewöhnliche Gelegenheit erhalten, spirituell zu wachsen.

Warum gerade 2012 diese Veränderung?
Alle 26 000 Jahre ereignet sich eine sehr seltene astrologische Ausrichtung von Erde, Sonne und Milchstraße, während der die Zeit einen Augenblick lang still steht. Diese Phase wird der kosmische Augenblick genannt.
In alten Sanskritschriften wird diese Phase als Atempause zwischen der Aus- und der Einatmung Brahmas, also Gottes, beschrieben. Wenn diese Energien aufeinandertreffen, wird dies massive Auswirkungen auf die Erde haben. Es entsteht die Möglichkeit für einen gewaltigen Bewusstseinswandel. Wir alle sind aufgerufen, diese Energien weise zu nutzen.
Was wird während der Wintersonnenwende 2012 geschehen?
Der kosmische Augenblick und die einströmenden Energien bieten eine einmalige Chance, erleuchtet zu werden. Millionen von Menschen werden diese Chance nutzen.
Was bedeutet „in die vierte Dimension" übergehen?
Wenn du dein Bewusstsein auf eine vierdimensionale Ebene hebst, öffnest du dein Herz-Chakra. Mit einem offenen Herzen wird es dir unmöglich sein, einem anderen Lebewesen Schaden zuzufügen, denn du wirst erkennen, dass du dir dadurch selbst schadest. Weil du dann über ein erweitertes globales und kosmisches Bewusstsein verfügst, strebst du nach Frieden.
Was bedeutet es, in der fünften Dimension zu leben?

Du begreifst dich als Teil eines Ganzen und behandelst andere so, wie du gerne behandelt werden möchtest. Wenn Sie Ihren Teil beitragen, helfen Sie nicht nur anderen und dem Planet, auch Ihre eigene spirituelle Reise wird auf wundersame Weise davon profitieren." (zit. aus „Die Engel antworten" von Diana Cooper, S. 52 bis 59)
Durch meine Krankheit erhielt ich eben im Jahre 2012 diese außergewöhnliche Gelegenheit, spirituell zu wachsen und einen heftigen Bewusstseinswandel zu erleben. Ich bin regelrecht wachgerüttelt und erleuchtet worden durch meine sehr lange, krankheitsbedingte Läuterungsphase. Meine Seele war dazu bereit und erhielt diese außergewöhnliche Gelegenheit, mein Bewusstsein zu erhöhen und auf allen Ebenen geistig spirituell zu wachsen. Ich weiß, dass ich über ein erweitertes globales und kosmisches Bewusstsein verfüge und strebe nach Frieden.
Ich begreife mich als Teil eines Ganzen und kann niemandem etwas zuleide tun und bin mit allem in Frieden. Ich liebe alle Menschen und habe keine Feinde. Es gibt nur Menschen, die ich noch nicht kenne. Ich bete für die gesamte Menschheit und für den Weltfrieden.
Ilse Maria Keuschnig, meine Energetikerin, die mich schon so lange begleitet und immer wieder nachfragt, was der Himmel zu mir spricht, erklärte mir bei meinem letzten Besuch im Juni 2015 folgende Erkenntnis: „In meiner Ahnenfamilie fehlten sehr oft die Männer, da sie

im Krieg waren oder im Krieg umkamen. So mussten auch Frauen Männerrollen übernehmen.
Diese ´fehlende Mütterlichkeit` in den Frauen lässt sie sehr oft gekränkt, verwundet, also männlich agieren."
Immer wieder taucht in unserer Familie dasselbe Schicksal auf, nämlich Kinder zu verlieren. Bei mir, bei meiner Schwester Christiane, bei meiner Tante Christl waren der Tod des Kindes wiederholt ein Lebensschicksal.
Durch diesen großen Verlust wird die Lebensfreude immer stärker genommen.
Tatsache ist, dass man an diesen Schmerz, ein Kind zu verlieren, so stark gebunden ist, ohne ihn bewusst wahrzunehmen. In diesem Prozess merkt man nicht, wie man immer mehr an Freude verliert, und so kommt es zur Sinnfrage. Man hat schließlich keine Quellen mehr, die das Leben speisen und aufladen. Die Lebensenergie stagniert und hält das Leben an, man wird krank. Doch die Krankheit gibt uns Menschen wieder den Auftrag und die Chance, für sich da zu sein, um sein Leben zu kämpfen, es zurückzuerobern. Was im Leben zugemauert war, musste aufbrechen. Alles, was in meinem Leben zugemauert und unterdrückt war, brach durch die Leukämie hervor. Jetzt lebe ich ein ganz neues, glückliches, gesundes und freudvolles Leben. Nicht nur meine Lebensgewohnheiten, auch meine Gefühls- und Gedankenwelt haben sich grundlegend verändert.

Ich mache mir keine Sorgen mehr, habe keine Angst, übergebe alles Gott und lass nur mehr Gutes in mein Leben. Ich lebe im Hier und Jetzt. Jeder neue Tag wird von mir so intensiv und freudvoll gelebt, als ob es mein letzter wäre.
Ich begrüße jeden neuen Morgen und jeder Tag ist ein Geschenk. Dankbar beginne ich ihn frühmorgens mit Gebet, Meditation und körperlichem „workout" und dankbar und glücklich beende ich diesen mit Gedanken des Dankes und Lobes an meinen Retter.
Mein Tag ist so ausgefüllt und ich schaffe so Vieles mit meiner neu gewonnen Energie und Lebensfreude, dass ich oft selber darüber staune.
Ich unterrichte auch wieder so gerne und merke, dass ich jetzt viel mehr Geduld mit den Schulkindern habe. Ich sehe vieles ganz anders, mit neuen Augen und mache mir auch keinen Stress mehr, was ich alles an einem Unterrichtstag noch zu schaffen hätte. Mein Ziel ist: „Weniger ist mehr!"
Ich versuche, alles mit Achtsamkeit, mit Liebe und Genauigkeit zu machen, nicht mehrere Dinge gleichzeitig zu erledigen, zwischendurch gut durchzuatmen, wenn wieder mehrere Schüler gleichzeitig etwas von mir wollen, Pausen einlegen, Wasser trinken, verschnaufen, Energie von oben holen, göttliches Licht in der Vorstellung tanken und die Kraft der „Violetten Flamme" oder auch den

„Heilstrom" in meinem Leben zu nutzen.

Das sind nur einige wesentliche Veränderungen, die ich im neuen Leben praktiziere und die mich geistig und seelisch sehr viel weiter bringen.

Ich habe entdeckt und gelernt, dass das Leben ein Geben und Nehmen ist.

Unser Körper, Seele und Geist reagiert wie eine Batterie. Irgendwann geht die Energie verloren, wenn immer nur „abgesaugt", verbraucht wird und wenn man keine Quellen mehr hat, um sich wieder neu aufzuladen.

Meine Quellen entdecke ich bewusst und mit großer Begeisterung wieder neu: Rudern, Trommeln, Singen, Lesen, meinen Garten, Klettern, Laufen, Skitouren und Schifahren, Eislaufen, Gitarre spielen, Schwimmen im See und Meer und jeden Tag auch eine Mittagspause einlegen. Das sind nur einige meiner Quellen, die mich wieder aufladen mit neuer Energie.

Alles, was Freude macht, bringt Energie!

„Do more what makes you happy!" - Dieser weise Spruch steht auf dem Papiersack einer Textilfirma. Ich mache jetzt vieles wieder, was mich wirklich glücklich macht, denn damit lade ich mich wieder auf.

Ich habe auch gelernt, wie wichtig es ist, täglich eine Zeitlang in die Stille zu gehen und zu meditieren. Ich versuche, mich auf meinen gedachten Mittelpunkt auf der Stirn, auch als drittes Auge bezeichnet, zu konzentrieren und langsam und tief zu atmen. Ich konzentriere mich nur auf diesen Punkt und auf meine Atmung. Es gelingt mir immer besser, die Gedanken auszuschalten oder ziehen zu lassen. Meine beste Freundin Angelika schenkte mir den Spruch, den ich mir aufgehängt habe:

„Geh ich zeitig in die Leere,
komm ich aus der Leere voll,
wenn ich mit dem Nichts verkehre,
weiß ich wieder was ich soll!"

Dieses meditative „Ausleeren des Geistes" in vollkommener Stille und Konzentration auf das „Nichts", auf den Atem und das „Dritte Auge" bringt mir wieder so viel Klarheit und neue Struktur in mein Leben. Dann wird alles geordnet und in Balance gebracht. Darüber las ich ein sehr wertvolles und lehrreiches Buch von John Murphy: „Das Wunder ihres Geistes" - das Buch der Entdeckung und Wandlung.
Ich finde mein Leben in vielen Aussagen darin wieder.
(zit. aus seinem Buch, ebd. S. 46 ff)
„Füllen Sie ihren Geist mit dem Licht Gottes, und es wird Ihnen gelingen, all die schädlichen Wirkungen zu beseitigen, die die negativen, Ihrem Unterbewusstsein eingeprägten Gedanken verursacht haben. Füllen Sie Ihren Geist mit den ewigen Wahrheiten Gottes, überzeugen

Sie sich davon, dass Gott Liebe bedeutet. Vollkommenheit und Weisheit, dass der Strom Seiner Güte und Liebe auch durch Ihren Geist und Ihr Unterbewusstsein fließt.
Wenn Sie sich diese Haltung zu eigen machen, wird es Ihnen schließlich gelingen, alle negativen Vorstellungen und Kräfte Ihres Unterbewusstseins auszulöschen. Gott ist Geist, und dieser Heilige Geist fließt durch mich, reinigt das bewusste und unbewusste Denken.
Mein Unterbewusstsein nimmt meinen Glauben an die Göttliche Wahrheit auf, und ich bin frei in Gott, bin voll Frieden, Freude und Harmonie.
Ich bin Geist, und nur das Göttliche kann in mir wirken!"
Ich habe es geschafft, alle negativen Vorstellungen und negativen Kräfte auszulöschen, und ich fühle mich frei in Gott, bin voll innerem Frieden, Freude und Harmonie. Alles ist gut geworden, alles ist neu, und mein neues Leben hat eine so unglaublich positive Qualität erhalten.
„Leiden kann oft eine wichtige Lebensschule sein", sagt der Dalai Lama. So war es auch bei mir.
„Dein Glaube hat dir geholfen", (Matth. 9, 22) - so auch mir.
Meine Depression wurde geheilt, weil ich Gott vertraute, dass er mir mit Hilfe meiner Heilerin Samaya alles abnimmt, was mich belastete.
„Dein Glaube kann Berge versetzen", so steht es auch in der Bibel.

Ich durfte diese so wunderbare Heilung durch meinen Glauben und mein Vertrauen selber erleben. Dadurch öffnete ich meinen Geist und mein Herz der heilenden Kraft Gottes und wurde heil. Durch dieses absolute Vertrauen in das Heilsgeschehen Gottes wurden alle Konflikte und Probleme, die zu meiner Krankheit und schließlich auch zur Depression führten auch tatsächlich aufgelöst. Ich befreite mich von Angst, Zweifeln und Feindseligkeit und erlangte Heilung durch mein Vertrauen in Gottes große Liebe zu mir.

Beim Bibellesen, welches ich jetzt öfters sehr gerne mache, fand ich folgende Stelle im zweiten Korintherbrief, 5/17: „Darum, ist jemand in Christus, so ist er eine neue Kreatur: das Alte ist vergangen, siehe, es ist alles neu geworden!"

Mein Leben ist wirklich ganz neu geworden! Das alte, konfliktreiche, angst- und zweifelbesetzte Leben und meine Sorgen habe ich hinter mir gelassen.

Jetzt lebe ich in Frieden, Freude, Dankbarkeit, großer Liebe zu mir selber, Demut und habe „DAS LEBEN IN FÜLLE" erlangt. Zwei Jahre lang bin ich durch die Angst, Depression und tiefes körperliches und psychisches Leid gegangen und war getrennt von Gott.

Ich habe die Hölle durchlebt und den Himmel gefunden!

„Gott, du hast mein Klagen in Tanzen verwandelt!

Dafür danke ich Dir und lobe Dich von ganzem Herzen

und mit meiner ganzen Seele!"
Der Psalm 138, 2 passt sehr gut für die Schlussbetrachtung meiner Autobiographie, wenn es darin heißt: „Herr, ich preise dich, deine Liebe und Treue. Du hast Deine Versprechen eingelöst und alle meine Erwartungen übertroffen."
Paulus schreibt im 2. Brief an die Korinther, Kap. 5:
„Lebt jemand ganz in Christus, so ist er ein neues Geschöpf. Alles, was ihn früher ausmachte, ist vergangen und vergessen. Er ist ein neues, anderes Wesen geworden."
So erging es auch mir nach meiner Heilung. Ich bin wirklich ein ganz anderer und neuer Mensch geworden.
Ich danke Gott, dass ich jetzt ein Leben in Fülle und Freude an allem Guten leben darf und nur mehr Positives in mein Leben lasse.
Jeden Tag lebe ich im „Hier und Jetzt". Ich habe nicht mehr das Gefühl des Getrieben-Seins, irgendwo etwas versäumen zu können und bin fast immer in meiner inneren Mitte. Der Grund dafür ist meine persönliche Erfahrung, dass ich in Gottes Schutz bin und mein „Inneres Selbst, auch Inneres Kind" lieben gelernt habe. Ganz besonders wichtig ist mir Spiritualität in meinem Leben geworden. Ich lese gerade das Buch „Der Appell des Dalai Lama an die Welt - Ethik ist wichtiger als Religion." „Der Erleuchtete" schreibt darin so schön: „Wesentlicher als

Religion ist unsere elementare menschliche Spiritualität. Das ist eine in uns Menschen angelegte Neigung zur Liebe, Güte und Zuneigung - unabhängig davon, welcher Religion wir angehören." (zit. aus ebd.S. 9)

Persönliches Nachwort:

Vor meiner Transplantation in Wien war ich mit Angelika in Obergottesfeld bei einer „Huna-Heilerin und Naturheiltherapeutin", namens Margrit Arko. Geli wollte unbedingt mit mir zu dieser sehr bekannten „Wunderheilerin" und sie überredete mich regelrecht dazu, denn ich war damals so tief in meiner Depression, dass ich gar keine Motivation zur Veränderung meiner so tristen und angstbesetzten Lebenslage hatte. Geli bettelte: „Bitte, bitte, fahr mit mir dorthin nach Obergottesfeld! Ich möchte dir was Gutes tun und lade dich zu dieser Heilungsstunde ein."
Schließlich gab ich ihr zuliebe nach und wir fuhren gemeinsam zu Margrit. Diese „Heilungsstunde" war sehr beeindruckend für uns beide und wir wurden sehr positiv gestärkt davon.Margrit ist nach eigenen, leidvollen Erfahrungen mit ihrer kranken Tochter auf die Suche nach einer alternativen Heilmethode gegangen und landete schließlich bei der Huna-Energetik. Schon als Kind konnte Margrit Kontakt mit den „Himmelswesen" aufnehmen,

Mich umfingen die Fesseln des Todes,
mich befielen die Ängste der Unterwelt,
mich trafen Bedrängnis und Kummer.
Da rief ich den Namen des Herrn an:
‚Ach Herr, rette mein Leben!'
Der Herr ist gnädig und gerecht, unser Gott ist barmherzig.
Der Herr behütet die schlichten Herzen,
ich war in Not und er brachte mir Hilfe.
Komm wieder zur Ruhe, mein Herz!
Denn der Herr hat dir Gutes getan.
Ja, Du hast mein Leben dem Tod entrissen,
meine Tränen getrocknet, meinen Fuß bewahrt vor dem Gleiten.
So gehe ich meinen Weg vor dem Herrn im Land der Lebenden."

In Demut und Dankbarkeit,
Regina Allmann

Danksagung

Für die Mithilfe an meiner Autobiographie möchte ich mich bei folgenden Personen herzlich bedanken:
Meiner Schwägerin Dr. Mag. Barbara Allmann und Mag. Christian Smoly, die mir mein Buch sehr gewissenhaft redigierten, meinem Neffen Samuel Graf, der mir die Bilder und das Layout gemacht hat und natürlich meiner Familie, Großfamilie und Freunden, die mir immer wieder Lob und Anerkennung für dieses Ziel der persönlichen Verarbeitung meiner Leukämieerkrankung machten.
Ich danke meinem Mann, dass er mit mir durch diese schwere Zeit ging und meinen Kindern für ihr absolutes Vertrauen in meine Heilung!
Ich liebe euch alle!